2021年江西省高等学校教学改革研究课题：马克思主义新闻观浸润式教学模式探索与实践（项目编号：JXJG-21-9-24）

县域新闻

XIANYU XINWEN JINGPIN SHANGXI

精品赏析

主编

郭　辉　梁长荣

江西高校出版社
JIANGXI UNIVERSITIES AND COLLEGES PRESS

图书在版编目(CIP)数据

县域新闻精品赏析/郭辉,梁长荣主编. --南昌:江西高校出版社,2022.7

ISBN 978 - 7 - 5762 - 2576 - 1

Ⅰ.①县… Ⅱ.①郭… ②梁… Ⅲ.①新闻报道—高等学校—教材 Ⅳ.①G212

中国版本图书馆 CIP 数据核字(2022)第 058526 号

出 版 发 行	江西高校出版社
社 址	江西省南昌市洪都北大道 96 号
总编室电话	(0791)88504319
销 售 电 话	(0791)88522516
网 址	www.juacp.com
印 刷	南昌市红星印刷有限公司
经 销	全国新华书店
开 本	700mm×1000mm 1/16
印 张	11.25
字 数	167 千字
版 次	2022 年 7 月第 1 版
	2022 年 7 月第 1 次印刷
书 号	ISBN 978 - 7 - 5762 - 2576 - 1
定 价	58.00 元

赣版权登字 -07 -2022 -349

目 录 CONTENTS

第一章 时 政 篇

时政新闻是党媒最为重要的新闻产品之一,在基层新闻单位内容生产中居主导地位。2016 年 2 月 19 日,习近平总书记在主持召开党的新闻舆论工作座谈会上发表重要讲话指出:"做好党的新闻舆论工作,事关旗帜和道路,事关贯彻落实党的理论和路线方针政策,事关顺利推进党和国家各项事业,事关全党全国各族人民凝聚力和向心力,事关党和国家前途命运。"①时政新闻的重要性不言而喻。一般来说,时政新闻内容涵盖时事政治领域;报道主题涉及社会政治、经济、文化、生态等多个领域;信息来源为党和政府召开的各种会议和部门决策;形式上常常是简明消息或专题报道;报道位置优先,在版面或时段上靠前。相比较其他类型的新闻,时政新闻有政策性、严肃性、专业性更强和客观性要求更高的特点。因其强政治性,时政新闻容易给读者造成"远、硬、平"的印象,从传播效果来看不利于信息的扩散和受众接收,需要新闻工作者不断改进传播理念和革新报道文风。在新媒体语境下,时政新闻还面临着创新传播形式、拓宽传播渠道、优化传播内容等进一步要求。本章将眼光投向新闻工作者从时政会议中抓住的"活鱼",或从部门决策中跑到的"好料",力图还原记者深入基层实地考察采访,并精心构思、用心打磨作品的新闻报道过程,从主题选择、内容呈现、文风革新、形式创新等方面展开赏析。

---

① 新华网.习近平:坚持正确方向创新方法手段　提高新闻舆论传播力引导力[EB/OL].(2016 - 02 - 19)[2021 - 09 - 30].http://www.xinhuanet.com//politics/2016 - 02/19/c_1118102868.htm.

案例一:《全国第一本农村土地承包经营权不动产权证颁发》赏析

农村承包地近 40 年一律没有不动产权证的历史结束
全国第一本农村土地承包经营权不动产权证颁发①

本报讯　本月 22 日,随着江苏农民凌达大接过一本深红色的不动产权证,我国农村承包地近 40 年一律没有不动产权证的历史宣告结束。

这本不动产权证封面上印着国徽,金色的大字很醒目:中华人民共和国不动产权证书。它的监制部门是中华人民共和国自然资源部。

凌达大是常州市新北区奔牛镇东桥村村民。江苏省自然资源厅副厅长李闽当天专程从南京赶到常州为他颁证。

李闽说:"这是我国颁发的第一本农村土地承包经营权不动产权证,具有里程碑意义。"该证确定了对土地承包经营权的物权保护。我国实行农村土地承包已有近 40 年,但是,农村土地承包经营权此前一直没有被纳入不动产权登记。

在颁证现场——常州市自然资源和规划局奔牛中心所服务大厅,东桥村村民李志范也领到了属于他家的农村土地承包经营权不动产权证。不日,奔牛镇、薛家镇和新桥镇的所有农户都将领到各自的不动产权证。

记者从凌达大手中接过证书,打开后看到,里面除了标明土地坐落位置、不动产单元号,还标明了权利人、共有情况、权利类型、权利性质、用途、面积、使用期限、发包方等。凌达大家的土地用途为耕地(种植业),合同面积为 3.7 亩,使用期限为 1997 年 12 月 31 日至 2027 年 12 月 31 日。

"这下心里踏实了!"凌达大把证书小心地合上,双手捧着,微笑着对记者说,"我家可以做一些长远打算了。"证上标明的使用期限,是他家承包土地的第二轮承包期。习近平总书记在十九大报告中指出:"保持土地承包关系稳定并

---

① 刘一珉,李树.农村承包地近 40 年一律没有不动产权证的历史结束　全国第一本农村土地承包经营权不动产权证颁发[N].胡国华,王益芳,车玉,编辑.常州日报,2020 – 12 – 24(A06).

长久不变,第二轮土地承包到期后再延长三十年。"由此,凌达大家承包土地一直可以承包到 2057 年底。

记者了解到,我国其他地方也将陆续为农户颁发农村土地承包经营权不动产权证。

中国建设银行常州分行普惠金融事业部总经理林春说,农民有了这个不动产权证,使土地承包经营权的物权属性得以实现,将会进一步释放经营权的流动性,农民在生产经营中抵押贷款难的历史也将结束。

记者进一步了解到,常州市是我国农村土地制度改革试点市。颁发农村土地承包经营权不动产权证,是依据《中华人民共和国物权法》《中华人民共和国土地管理法》《不动产登记暂行条例》进行的。该市出台具体实施方案,并用 5 年时间完成了全市有关确权工作。此后,用 9 个月时间完成了各项技术性工作。这些工作,为全市颁证奠定了坚实基础。(刘一珉 李 树)

推荐理由:

主题重大。这是一篇"硬核"消息,全国第一本农村土地承包经营权不动产权证颁发,标志着一项国家大政方针的正式落地、生根、发芽,是农民土地承包制度上里程碑式的事件。该政策的具体实施影响人数多、影响范围广、影响意义深远。

"中国故事"的书写。这是一个新发生的"中国故事",它告诉世界,中国在物权保护上又迈进了一大步。农民的土地承包经营权有了不动产权证,意味着未来可获得更多的权益保护和经济机会,将进一步刺激农村经济活力,惠及全体农民。

信息量丰富。这是一份信息含金量高的"公告",它不但把事件的里程碑意义和这本不动产权证的价值作用说得通俗易懂,而且交代了事件的来龙去脉、前因后果和未来方向,告诉了广大农民"2057 年"这一具体的承包时间等信息。这些正是全国农民所企盼,也是许多人此前并不了解的。

政策解读:

2008 年 10 月,中国共产党第十七届中央委员会第三次全体会议发布《中共中央关于推进农村改革发展若干重大问题的决定》,明确提出"健全严格规范的农村土地管理制度",要求"搞好农村土地确权、登记、颁证工作"。2011 年 3 月 16 日发布的"十二五"规划纲要提出,"搞好农村土地确权、登记、颁证工作,完善土地承包经营权权能,依法保障农民对承包土地的占有、使用、收益等权利。在依法自愿有偿和加强服务基础上完善土地承包经营权流转市场,发展多种形式的适度规模经营"。2013 年中央一号文件《中共中央　国务院关于加快发展现代农业,进一步增强农村发展活力的若干意见》提出,全面开展农村土地确权登记颁证工作,健全农村土地承包经营权登记制度,强化对农村耕地、林地等各类土地承包经营权的物权保护。根据部署,湖南、湖北、江苏等省先后被纳入土地确权登记颁证试点范围。2019 年 11 月,《中共中央　国务院关于保持土地承包关系稳定并长久不变的意见》要求做好承包地确权登记颁证工作,赋予农民更有保障的土地承包权益,为实行"长久不变"奠定坚实基础。

农村土地确权工作是国家的大政方针。国家此举既是为了健全规范农村土地管理制度,也是为了促进农村经济发展,更是为了保障农民长远经济利益,调动农民生产积极性。对于中国这样一个农村土地广袤、农业人口众多的国家来说,此项工作的意义深远重大。国家部署农村土地确权工作时间较长,吸引各方视线关注,各级政府非常重视。相关题材既是社会热点,也是焦点。在这种背景下,全国第一本"农村土地承包经营权不动产权证"的诞生可谓有着里程碑式的意义,值得铭记和书写。

作品赏析:

深耕耘　成力作

重大的报道题材、细腻的报道手法、全国"第一"的新闻"触点"、"蹲守"6 年守来的"独家"出品,当这些"硬核"要素集中于一篇县域时政新闻报道时,已让这篇报道赢得先机,具备了"出圈"气质。该报道出炉后,获得了包括《人民日报》、新华社等中央媒体,学习强国平台,腾讯、搜狐和抖音等网络平台的迅速转发推送,随后在全国各地引起广泛关注,多个外地市、县纷纷联系当地政府,希望进行学习、考察和交流。该报道社会反响热烈,报道效果良好,以实力赢得评委青睐,荣获 2020 年度江苏省好新闻(文字作品)一等奖。

"咬定青山不放松",苦守 6 年守来的"独家"新闻。"脚力、眼力、脑力、笔力",在新闻"四力"中,"脚力"看起来最不起眼,仿佛在新闻作品创作中的"含金量"最低。但其实并不是这么一回事,形象地说,"脚力"是新闻"四力"之基。脚力不强,行之不稳;脚力不勤,行之不达;脚力不济,行之不远。脚力是新闻记者深入基层、践行马克思主义新闻观、写出时政新闻佳作的必备前提;脚力也是新闻记者当好建设者、写好建设性新闻的基石。只有认真下功夫,保持过硬的脚力,才能扑得下身子;只有不吝脚力,才能驻足察见细微;只有勤用脚力,才能走得正、走得实、走得久。"台上一分钟,台下十年功",演出者需要长年累月的练习才能完成高水平表演,同样,新闻记者也是如此。一篇不足一千字的新闻报道背后,可能是长达几个月,甚至数年时间对新闻题材、国家政策或社会动态的关注、跟踪和努力。本文作者介绍,江苏常州是我国农村土地制度改革试点地区,在该篇报道刊发前,该报"紧盯"相关题材 6 年,作为一名时政新闻记者,作者提前对题材背景情况做了充分了解,密切关注改革进展。"习近平总书记在十九大报告中明确提出'保持土地承包关系稳定并长久不变,第二轮土地承包到期后再延长三十年'①。记者顿感震撼:广大农民承包土地一直能到 2057 年了。记者更加意识到全国第一本农村土地承包经营权不动产权证颁发意义重大,也更加密切地与各相关方面保持联系。此次,终于抓到这条'大活鱼'。"

重大题材重点操作,"硬核"要素一个不能少。具有较高的政治觉悟、前瞻的新闻视野和敏锐的新闻洞察力,这些只是保证一名优秀的新闻记者能够在纷繁复杂的社会现象中识别、判断和鉴定新闻事件价值大小的前提。从价值判断到写出新闻成品乃至新闻精品,这中间还有很长的路要走,有大量的专业工作要做,有一系列的新闻操作规范和采写流程需要记者遵守。特别是当记者发现了一个重大的新闻题材,意识到这一题材可能在一定范围,甚至全国范围内都可能产生重要影响时,记者应该立即围绕该题材做好相关的采访、调研、判断工作,确保在政策宣传上不出错,与相关政策相对应、无出入;在事实细节采访上准确、严格,不能有任何事实差错;在相关数据上反复核实,不能与实际情况有误差;在对事实的价值判断和趋势预测上要征询权威意见,确保科学、准确,既不能夸大其价值,也不能贬低其意义。在本文的报道上,当记者了解到常州市新北区奔牛镇东桥村村民凌达大领到的"农村土地承包经营权不动产权证"可

---

① 新华网.习近平:决胜全面建成小康社会 夺取新时代中国特色社会主义伟大胜利——在中国共产党第十九次全国代表大会上的报告[EB/OL]. (2017 – 10 – 27)[2021 – 09 – 30]. http://www.xinhuanet.com//politics/2017 – 10/27/c_1121867529.htm.

能是全国第一本时,高度重视,在此前已经做足功课、充分了解此项政策具体情况和要求的背景下,对是否确属全国"第一本"证件的事实进行了反复核实。"为能权威地说清楚这一事物的重大意义,记者除采访省、市相关部门,还专门采访了银行等部门,先后用两个自然段把它说明白了。"记者首先通过江苏省自然资源厅副厅长李闽的介绍,将这本不动产权证的重要性说得很明白:"这是我国颁发的第一本农村土地承包经营权不动产权证,具有里程碑意义。"同时,记者还通过自己的亲身观察,将亲眼看到的现场详情描述出来,让读者知道不动产权证的内容具体有哪些。"记者从凌达大手中接过证书,打开后看到,里面除了标明土地坐落位置、不动产单元号,还标明了权利人、共有情况、权利类型、权利性质、用途、面积、使用期限、发包方等。凌达大家的土地用途为耕地(种植业),合同面积为 3.7 亩,使用期限为 1997 年 12 月 31 日至 2027 年 12 月 31 日。"随后,记者进一步向读者介绍了第二轮承包期的截止时间:"由此,凌达大家承包土地一直可以承包到 2057 年底。"之后,记者通过银行经理的说法,向读者解释了"农村土地承包经营权不动产权证"所蕴含的重大意义。最后,记者又用背景材料的方式,向读者介绍了该市推行农村土地制度改革试点工作的总体情况。

重大题材小处落笔,报道手法细腻柔和。"笔力"是记者的基本功,在勤于"脚力",深挖素材得到真实、准确、客观的第一手材料后,记者要强化笔力,精心写作,用心推敲,耐心打磨,向新闻精品方向努力。要善于谋篇布局,还要长于运用一些写作技巧;要把新闻写得通俗易懂、喜闻乐见,还要创新话语表达方式,让新闻更接地气、聚人气、有感情、有温度;要能准确传递国家大政方针,同时也要注意叙写的小"切口"、小角度,让读者可感可触可摸,易于理解、认同和接受。时政新闻报道一般题材意义都比较重大,信息量也相对较丰富,在这种情况下,哪些作品可以脱颖而出成为精品报道,文章的切入角度和写作手法无形中成为"比拼"重点。这就非常考验记者的"功力"——不仅要能发现得了重大新闻题材,采访得到重大新闻要素,把握得到重大新闻意义,还要能写得好重大新闻作品。要同时具备以上几条要素,需要时机、努力和专业性的统一。本篇报道虽是一篇素材足够"硬核"的文章,但是记者并没有单刀直入或者平铺直叙,或套用惯常的时政新闻开头语:"昨日,记者从某部门或会议获知何消息"等常规报道手法,而是匠心独运,进行了一个现场描写再加上一句评语:"本月22

日,随着江苏农民凌达大接过一本深红色的不动产权证,我国农村承包地近40年一律没有不动产权证的历史宣告结束。"短短两个句子构成的导语,既点明了新闻事件发生的时间、地点、人物、事件,同时也点明了事件的深刻意义,读来清晰明了,令人振奋。随后,记者继续叙写了该新闻事件的诸多细节:江苏省自然资源厅一名副厅长专程从南京赶往常州颁证;其他村民领证情况;记者观察不动产权证内容的细节;村民对不动产权证的评价和认可等。细致观察之下摹写出来的白描让人能近距离感受到村民的喜悦:"这下心里踏实了!"凌达大把证书小心地合上,双手捧着,微笑着对记者说,"我家可以做一些长远打算了。"该篇报道题材重大,记者既充分写明了事件意义,同时又从小处着手,将重大题材蕴含于日常生活的细节之中予以呈现,将意义穿插其间,显示了深厚的采写功底和较高的新闻报道驾驭能力。

记者手记:

这篇消息是《常州日报》长期重视"三农"问题报道,记者持续关注土地政策、农民关切前提下,抓住的一条"大活鱼"。

土地是农民的命根子,土地关系是农村最基本的生产关系,以土地制度为核心的基本经营制度是党在农村的政策基石。自实行家庭承包经营以来,党中央、国务院一直坚持稳定农村土地承包关系的方针政策,从2023年开始,各地二轮承包大批到期,承包到期后怎么办? 当前的土地流转、合作社等多种形式的适度规模经营会不会面临变数? 全国有15亿多亩的农村承包地,这些问题涉及近两亿农户的命运和生存。

习近平总书记在十九大报告中明确提出"保持土地承包关系稳定并长久不变,第二轮土地承包到期后再延长三十年"[1],也就是说,可一直延包到2057年了。农村土地承包经营权不动产权证的颁发,意味着农村承包地近40年没有不动产权证的历史结束,从物权法层面让这一政策进一步落地。广大农民如果拥有了这个和房产等其他不动产证性质一样的"红本本",无疑吃下了定心丸,意义重大。

---

① 新华网.习近平:决胜全面建成小康社会　夺取新时代中国特色社会主义伟大胜利——在中国共产党第十九次全国代表大会上的报告[EB/OL].(2017-10-27)[2021-09-30].http://www.xinhuanet.com//politics/2017-10/27/c_1121867529.htm.

多年来,《常州日报》总编辑胡国华几乎在每次大会上都反复强调,作为一个党报记者要记住两句话:第一句是"站在天安门上想问题",第二句是"蹲在田间地头找感觉"。只有站在天安门上想问题,才能站得高、望得远;只有蹲在田间地头找感觉,才能走得近,也才能知道百姓所需。两者结合,才能"以小见大",写出有分量、有价值,又有血有肉的好作品。这其中,"三农"成为《常州日报》多年重点聚焦的主题之一。

江苏省常州市是我国农村土地制度改革试点地区,近几年,《常州日报》更是组织精兵强将,就相关主题组织专班进行报道,效果极佳,连连获奖。2018年,通讯《三块地》获评第二十八届中国新闻奖二等奖;2019年,系列报道《小农户的新出路在哪里?》获得第二十三届江苏新闻奖。此次,《全国第一本农村土地承包经营权不动产权证颁发》获得2020年度江苏省好新闻(文字作品)一等奖,而且是独家首发报道。这些令人欣慰的成绩正是得益于报社对农村土地改革领域的持续关注和深入研究,也可以说,篇篇都是集体创作的结晶。

自常州成为全国农村土地承包经营权不动产权统一登记颁证4个试点城市之一以来,记者就对相关背景情况进行了重点了解,并密切关注进展。业内权威专家评论这篇报道时说:"这是一篇关注农村土地承包试点改革的重头稿,记者写来举重若轻,素材的选择、行文的流畅,无不显示对这一政策性极强领域的熟稔程度。"进而,对于《常州日报》"三农"报道频出精品的现象,专家们总结说,这是练就"深"字功,做好"四力"的结果,因为精品的标准唯有一条——践行"四力"做到真正到位。脚力:到达基层一线了吗? 眼力:有与众不同的发现吗? 脑力:层层深入思考了吗? 笔力:做到精准而优雅地表达了吗?

本篇报道的采编过程确实如此。2020年12月22日,当农村承包地近40年一律没有不动产权证在常州结束的这一历史性时刻,面对这一"没想到在常州发生的"、意义十分重大的"全国性新闻",《常州日报》编委会既高度重视,又十分审慎。一方面,记者征得常州市自然资源和规划局理解和支持,再次就相关工作与自然资源部进行了确认;另一方面,我们进行了补充采访,比如采访了银行、不动产登记等有关部门,还拿到首本证书,与房产等其他不动产权证进行了对比等。

另外,这篇报道就个人感悟来说,也是多年专业化报道积累的结果。记者是文科出身,最初从事财经报道之时,为做到报道专业化,自学考取了证券、保险、期货等从业资格,曾被新浪财经评为全国百佳优秀财经记者。2012 年底,在常州市房管局的一次新闻发布会上,记者另择角度写成的报道《解决住房保障要靠智慧和勇气》获第十六届江苏新闻奖、江苏省报纸好新闻一等奖。颁奖会上,记者应邀就"如何把经济报道写明白"进行了交流发言。

本次获奖消息见报后,《人民日报》、新华社等中央和国家级媒体客户端,腾讯、搜狐等大型网站,学习强国平台,抖音等网络平台,迅速推送或转发这一消息。其中,新华社报道该消息的 3 日点击量达到 60 多万次。该消息在全国各地引起广泛关注和较大反响,河南周口、陕西安康、黑龙江七台河等许多市、县组团前来常州市学习、考察和交流,广西柳州、江苏苏州以及江苏兴化等多个市、县纷纷与常州地方政府联系,索要成套资料。

江苏省自然资源厅表示将在全省推广这一做法。常州市已在 5 个市辖区全面加快这项工作,全市所有 95.6 万户农户都将拿到属于自家的土地承包经营权不动产权证。

(刘一珉)

案例二:《吉州:推进既有住宅加装电梯, 从爬到乘的转变》赏析

吉州:推进既有住宅加装电梯,从爬到乘的转变①

"原来上去了就不想下来,现在有了电梯,方便多了,我也愿意下来走一走,活动一下。"5 月 25 日,家住吉州区北门街道中环小区的赵慧芳奶奶正乘电梯下楼,准备下来透透气。说起电梯加装后的好处,她一脸的开心。

既有住宅加装电梯是吉州区为民办实事的重点民生工程,去年以来,吉州区本着方便群众、提升品位的原则,积极担当,主动作为,全力推进既有住宅加装电梯工作,着力提升了小区居民的居住品质和生活幸福指数。目前,电梯已审批通过 73 台,安装 71 台,走在全市前列。

求同存异,加装电梯破难题

去年年初,既有住宅加装电梯试点工作在吉州区全面启动。原来的老旧小区也能装电梯了,消息一出,居民纷纷拍手叫好。可既有住宅加装电梯如何装?居民不同意怎么办?资金怎么出?怎么能够快速办理?如何破解这一个个摆在面前难题?

他山之石,可以攻玉。吉州区第一时间组织考察团前往上海静安区、杭州拱墅区考察学习,并对城区 5 个街道共 36 个社区全面启动调查摸底,深入调研了解加装电梯过程中存在的主要问题和困难,精准施策,逐一破解。

在前期的走访调研中,住建部门和街道社区干部发现,"楼层高的有意愿,楼层低的觉得受影响,居民意见很难统一是最大的障碍"。为此,该区充分发挥业委会成员、楼栋长或单元长的作用,引导居民成立加装电梯筹备小组,全程跟进衔接。同时,组建一支加装电梯工作顾问团队,聘请 7 名加装电梯工作中热心且经验丰富的牵头人、业委会负责人、社区干部,为居民加装电梯工作出谋划策。

---

① 张建明.吉州:推进既有住宅加装电梯,从爬到乘的转变.邱子美,编辑.微吉州公众号,2021 – 06 – 01.

图一　电信小区安装电梯场景

为方便群众手续办理,该区在全市率先制定出台《既有住宅加装电梯实施细则》,并编制"优化版"操作手册,将程序压缩为提出申请、审批开工、验收奖补"三步走"。同时,该区建立"一窗式受理、专员式帮办、保姆式服务、联合式审批"工作模式,让群众"一次不跑"或"只跑一次"。吉州区北门街道菜茵河畔小区10栋2单元既有住宅电梯实现当日审批、次日动建的高效率。

加装电梯,钱怎么出是居民非常关心的问题。该区采取奖补＋自筹方式,奖补层面,每台电梯在市财政补贴5万元的基础上,区财政补5万元,对规定时限内申请批复并实施完工的,该区再奖励5万元。自筹层面,引导居民按照"从上到下,递减到零"的原则自主协商分摊剩余电梯初装费用和维修保养费用。

以人为本,居民参与显温情

电信小区位于吉州区鹭洲东路11号,1995年建成,有5栋268户居民。因建成年代较早,小区配套设施老化,不能满足居民现在的生活需求,群众要求改造的呼声也越来越高。去年,电信小区被正式确定为改造项目并开工建设。

"小区的老人越来越多,随着年纪越来越大,爬个楼可不容易,所以很多人都想装个电梯,这样上下楼就方便多了。"该小区加装电梯的发起人、今年83岁的龙华里告诉笔者。

在相关部门的指导下,在龙华里的号召下,小区很快成立了加装电梯工作组,积极筹划对接相关建设事宜。"我们就是做好宣传引导、审批验收,具体的电梯的加装细节都是居民自己商量着来。"该区住建部门相关负责人说。

图二　电信小区电梯安装完工后的小区景象

该区坚持以民为本,突出做好引导服务。坚持民生工程让百姓"用得到、用得好",民生实事办到群众"心坎上"的导向,充分宣传发动,坚持区、街道、社区、小区四级同步动员,线上、线下宣传同时发力,全面开展政策解读和工作流程宣传培训,做到宣传全方位覆盖、全范围辐射。搭建居民议事平台,组建电梯筹建管理小组,积极指导居民代表召开座谈会,充分听取群众对加装电梯的意见和建议。电梯用什么品牌?电梯轿厢需要多大?每层分摊比例分别是多少?这些都是居民自己说了算。同时,在整个加装改造过程中,居民全程参与、监督项目施工和进行后续运维管理,真正实现"改成我想要的、做成我满意的"。

如今,电信小区5个单元既有住宅加装电梯已投入使用,成为居民的出行的"方便梯""幸福梯"。

典型示范,连片推进加速度

"我们也是在政府的指导下,摸索着一步一步边做边看,当时也没有什么经验。"吉州区北门街道北门社区莱茵河畔小区电梯筹建管理小组负责人,也是该小区东区 10 栋 2 单元的业主刘小平告诉笔者,"前期通过与 2 单元全体业主的沟通、协商,达成共识,很快完成审批并启动建设。"

该区按照"成熟一梯,加装一梯"的思路,在北门街道莱茵河畔东区 10 栋 2 单元开展先行先试,简化审批流程,提高工作效率,1 天内完成审批,第二天开工动建,成为该市首台开工动建的电梯。

莱茵河畔东区 10 栋 2 单元的动建,起着良好的示范效果,也吸引了众多前来取经的团队,多的时候一天就有好几拨。"装电梯花了多少钱,每层居民怎么分摊,可能是问得最多的几个问题。"刘小平坦言。

在莱茵河畔小区首台电梯推进的同时,该区其他小区既有住宅加装电梯也迅速打开局面,电信、石油、中环、天龙花园等 17 个小区也陆续破题连片推进,掀起了加装电梯的新热潮。与此同时,该区借助典型示范带动作用,加速成片打造推进,在充分摸排和宣传的基础上,积极引导业主在建设过程中尽量统一风格,形成规模效益,既降低了成本,又便于后期管理维护。目前,该区竣工、开工和申报办理的电梯共有 129 台。

推荐理由:

主题宣传和典型宣传是我国新闻工作者在长期的新闻实践中总结提炼出来行之有效的宣传方式。聚焦施政重点,是地方媒体时政新闻报道的主要内容之一。既有住宅加装电梯是吉安市吉州区为民办实事的重点民生工程。2020年以来,吉州区从方便群众生活、提升城市品位的原则出发,全力推进既有住宅加装电梯工作,着力提升了居民的居住品质和生活幸福指数。吉州区融媒体中心围绕区政府这一重点工作,采写制作了多篇新闻作品,该稿件即为其中的代表作。作品不仅在自有平台"微吉州"公众号上发表,而且在市级的党报中刊登,同时被全国多家媒体转载,获得了良好的社会反响,为地方政府政策推行,营造出了积极的舆论氛围。

政策解读:

老旧小区提升改造是党和政府为了提高人民群众获得感、改善人居环境、建设新型社区,自上而下推行的重要举措。2020年7月,《国务院办公厅关于全面推进城镇老旧小区改造工作的指导意见》指出,城镇老旧小区改造是重大民生工程和发展工程,对满足人民群众美好生活需要、推动惠民生扩内需、推进城市更新和开发建设方式转型、促进经济高质量发展具有十分重要的意义。意见中将城镇老旧小区改造分为三类:基础类、完善类、提升类。其中完善类为满足居民生活便利需要和改善型生活需求的内容,主要是环境及配套设施改造建设、小区内建筑节能改造、有条件的楼栋加装电梯等。2021年3月发布的《中华人民共和国国民经济和社会发展第十四个五年规划和2035年远景目标纲要》中提出:在新型城镇化建设中,同样要提升城镇化发展质量,全面提升城市品质,实施城市更新行动,推动城市空间结构优化和品质提升。规划中明确提出要加快推进城市更新,改造提升老旧小区、老旧厂区、老旧街区和城中村等存量片区功能,推进老旧楼宇改造,积极扩建新建停车场、充电桩。根据规划,"十四五"期间计划完成2000年底前建成的21.9万个城镇老旧小区改造,基本完成大城市老旧厂区改造,改造一批大型老旧街区,因地制宜改造一批城中村。此后,多个部委和地方政府制定了相应的配套政策,保障该项工作顺利开展。

作品赏析:

由"问题"塑"主题"

"围绕中心、服务大局",配合党和政府开展重点工作是地方媒体的重要职责之一。从内容上看,地方媒体中的主题报道多为时政议题,这就需要记者挑选既有政治意义,又有民生关怀的选题进行报道,通过新闻信息传播凸显国家政策和人民需求之间的互融共通,为工作推进提供助力。《吉州:推进既有住宅加装电梯,从爬到乘的转变》一文以"问题意识"为核心,围绕"转变"从何而来,如何发生,产生什么效果等一系列问题,向读者展现出各级部门与民众共同推进"老旧小区电梯加装"工作的措施与成效。

意识突出,聚焦"问题"开篇。时政新闻多为可预见性新闻,主题报道尤其如此,记者有充裕的时间选择报道对象和搜集新闻线索,提前构思文章的基本框架和报道视角,因此,选择好的切入点就显得尤为重要。从叙事技巧上来说,设置疑问能够有效地激发读者的阅读兴趣,作品以"破难题"起笔,将"既有住宅加装电梯如何装?居民不同意怎么办?资金怎么出?怎么能够快速办理?"等一系列问题抛给读者,而这些也正是有电梯安装需求的社区居民最为关心的问题。优秀的主题报道不仅能对成就进行鲜活展现,而且能够激发读者的参与热情。报道介绍了地方政府外出考察、走访调研,引导居民成立加装电梯筹备小组,邀请专业人员组建加装电梯工作顾问团,制定《既有住宅加装电梯实施细则》等一系列做法,向民众介绍政府部门落实政策所做的努力。有了政府引导,还需民众参与,作品继续围绕相关问题深入,层层剥笋,答疑释惑。

具体深入,围绕"问题"布局。问题意识不仅体现为提出问题、分析问题,还需要总结解决问题的办法和经验,为相关工作开展提供有益的指导。以数据展示成就是主题宣传的惯用手法,数据是展示成效最直观的表达方式,但是主题报道中只有漂亮的数据是不够的,要想引导受众,还需要清晰的逻辑和感人的情节。《吉州:推进既有住宅加装电梯,从爬到乘的转变》一文以城市老旧小区改造为主题,在"发现问题—解决问题"的螺旋式推进中,围绕如何推进老旧小区电梯安装这一命题,紧扣"求同存异""全民参与""典型示范"进行内容布局,通过事例切入,将电信小区(单位房)、莱茵河畔小区(商品房)等不同类型小区居民组织安装电梯过程中遇到的问题和解决的方案展示给读者,介绍了"一窗式受理、专员式帮办、保姆式服务、联合式审批"的工作模式,生动完整地呈现了政府与民众齐心协力推动工作快速有效开展的局面,彰显了县区级媒体服务中心工作进行"加油鼓劲"的能力。

问题意识是新闻记者的重要职业素养。问题意识应与政治意识、大局意识同向同行。对于基层新闻宣传工作者而言,遇到的"问题"主要源于两个方面:其一,民众需要解决,而上级部门尚未发现的问题;其二,上级热切关注,而基层尚在摸索处理的问题。无论哪一个,都需要新闻工作者紧扣重大主题和中心工作,把握党的路线方针政策,深入基层广泛采集相关信息,在"民生"中发现"问题",在新闻活动中践行党性和人民性的统一,将"政策宣导"和"民生保障"有机融合,实现媒体建设性功能。

记者手记:

吉州区是吉安市的中心城区,近年来,随着城市的快速发展,很多小区路不平、水乱流、灯不明……小区无物业管理,配套设施逐渐老化,群众改造愿望非常迫切。习近平总书记指出:"人民对美好生活的向往,就是我们的奋斗目标。"①正是秉承着这种理念,吉州区既有住宅加装电梯工作才能成功破题,高效顺利推进,让居家养老不再是一句看上去很美好的口号,切实做到发展为了人民、发展依靠人民、发展成果由人民共享。

民之所望,政之所向。吉州区落实以人民为中心的发展思想,想群众之所想、急群众之所急、解群众之所困。2011 年,吉州区按照"铺平百姓出行路,点亮百姓门前灯,净化居民小环境,清理社区下水道,贯通城区排污管,连上沿街绿化带,平安社区大家创"要求,推出"人文社区、温馨家园"创建,全面开展老旧小区及无物业小区改造,并根据轻重缓急,按照每年改造一批的原则逐年推进,一任接着一任干,久久为功。"人文社区、温馨家园"品牌也成为吉州区"人文社区治理服务模式创新"成果,被评选为"2013 年度中国社区治理十大创新成果",得到民政部表彰并向全国推广。随着城市的发展,人民群众对美好生活的需求也日益增长。伴随着人口老龄化越发严重,上楼难也成为当下老旧小区迫切需要解决的问题。如何完善"人文社区、温馨家园"内涵,补齐公共服务短板,实现居家养老的现实需要摆在吉州区委、区政府面前。

民生无小事,枝叶总关情。2020 年 3 月,吉州区不断摸着石头过河,先行先试,《吉州区中心城区既有住宅加装电梯实施细则》率先出台。为了将好事办好,实事办实,吉州区积极做好"服务员"角色,在此过程中并非大包大揽、一味推进,而是充分发动群众、依靠群众,因地制宜,通过现场调查、座谈会等形式广泛倾听、征集群众在改造方面的意见建议,并在各社区成立了以业委会成员、楼栋长或单元长为代表的加装电梯筹备小组,全程跟进衔接;组建了一支加装电梯工作顾问团,聘请 7 名加装电梯工作中热心且经验丰富的牵头人、业委会负责人、社区干部,为居民加装电梯工作出谋划策,让群众成为改造的主角。

在采访中,记者了解到,群众对加装电梯的资金和办理的便捷性非常在意。吉州区明确在市财政每台奖补 5 万元的基础上,区财政每台再奖补 5 万元,并明确规定时间内审批通过并实施的,区政府将另给予每台 5 万元奖补,用真金白银落实惠民政策。

便民为民,优化操作流程。吉州区编制《吉州区既有住宅加装电梯操作手

① 新华网.习近平:人民对美好生活的向往就是我们的奋斗目标[EB/OL].(2012 - 11 - 15)[2021 - 09 - 30].http://www.xinhuanet.com//18cpcnc/2012 - 11/15/c_123957816. htm.

册》，为居民梳理出简明办理流程，探索"一窗式受理、专员式帮办、保姆式服务、联合式审批"工作模式，在区行政审批局和各街道便民服务中心设立专窗，安排专人受理申请，全程保姆式帮办协调，真正做到让群众"一次不跑"或"只跑一次"。高效的办事流程让吉州区北门街道莱茵河畔东区 10 栋 2 单元加装电梯从受理申请到审批通过仅用 1 天时间，成为全市安装并投入使用电梯的首个单元，创造了既有住宅加装电梯的"吉州速度"。

（张建明）

思考题：

　　1. 新闻媒体如何做好主题报道？

　　2. 总结和归纳时政报道的内容类型，思考如何提高时政新闻的可读性。

　　3. 在新闻活动中如何将政府决策与民众需要进行有机统一？如何在时政新闻中注入群众理念？

（本章组稿、撰稿：陈杏兰　袁吉华　孟　佳）

第二章 经 济 篇

经济是价值的创造、转化与实现。人类经济活动就是创造、转化、实现价值，满足人类物质文化生活需要的活动。由概念可以看出，经济是一个"大帽子"，蕴含其中的人、事、物数不胜数。经济新闻报道，就是需要从中挑选出有新闻价值的内容，进行挖掘和专业处理。

在人们的印象中，经济新闻似乎是"高大上"的，多"和数字打交道"，因而对比大型经济体、对比一线城市，县域新闻中的经济新闻似乎显得有些难以出彩。

实则不然。近年来，从省市级新闻奖到国家级新闻奖中，我们都能看到以县、镇、村为报道主体的优秀作品。基层新闻工作者们用实际行动证明了，一滴水珠能折射出一个世界，一个小切口也能反映出时代大格局。"脱贫攻坚""乡村振兴""农业农村现代化发展"等热词，正赋予基层经济新闻更多的关注、更明确的发展方向、更广阔的空间。

案例一:《田里多了"棚二代" 乡村振兴有力量》赏析

田里多了"棚二代" 乡村振兴有力量①

大年初三,记者来到茌平县贾寨镇耿店村,给老朋友——村支书耿遵珠拜年。与村支书聊天,乡村振兴是个绕不过去的话题。耿遵珠说:"乡村振兴离不开人。现在俺村里有个好现象,就是种大棚菜的中青年越来越多。"

和老耿来到大棚基地,只见人气爆棚,年味浓浓。记者粗略数了数现身田野的300多名菜农,"70后""80后""90后"占到了八九成,中青年已成为种菜管棚的主力军。

耿店种菜有20多年历史了。过去村里只有60个"小土棚",侍弄的人多是"50后""60后",后生们嫌活累、麻烦,更愿意外出打工,有段时间全村青壮劳力跑出去200多人。

一个780人的村子,一下子走掉200人,村里哪能不冷清?

让耿遵珠高兴的是,老黄(皇)历已经掀过去了。现在的耿店成了"鲁西小寿光":全村178户人家,600个钢架大棚,1300亩耕地1000亩菜,劳动力几乎全"粘"在大棚上。

为啥现在"棚二代"愿意留村?耿遵珠分析有三个原因。一是收入有保障。全村户均3.4个棚,保守算户均10万元没问题。加之大棚安装了电动卷帘机,劳动强度降低了。二是配套服务好。村里陆续建起育苗场、蔬菜批发市场、蔬菜合作社,从买苗到卖菜,不用出村,省心省事。三是基础设施建设跟上了,生活有品质。村民住上了楼,通了暖气、有线(电视)、网线,还有农家书屋、健身广场、卫生室等。

"村里创业环境这么好,谁还愿意背井离乡去打工?"43岁的任传华接过话茬。他一度在天津、河北等地"漂了"10多年,干过电气焊、当过车床工、搞过装修……几年前,他回家从1个"钢架大棚"起步,如今发展到20个了,成了村里

① 王兆锋,杨秀萍,郑兆雷.田里多了"棚二代" 乡村振兴有力量[N].黄露玲,杨鹏,编辑.大众日报,2018-02-19(02).

"状元户"。

距离任传华大棚不远的,是耿付建的6个大棚。28岁的耿付建过去曾嫌种(大)棚(菜)苦累,到深圳打工。3年前,他被村里"卷帘机大棚"吸引回乡,现在年收入过了20万元。

耿店村委会墙南,是村里的"绿源蔬菜批发市场",车来人往,好不热闹。"春节期间蔬菜用量大,平均一天往外运十来车,菜不出村就能卖高价。"耿付建说,种菜最怕菜贱、卖不出去。有了市场,棚再多也不怕。

村里多了"棚二代",多了团聚少了牵挂。耿遵珠告诉记者:"过去,留守村里的人过年的心情最复杂,盼过年,又怕过年! 盼过年,是因为过年外出打工的亲人能回来团聚;怕过年,是因为过完年这些人又走了,纠结啊!"

村里多了"棚二代",乡村开始"年轻"起来。耿遵珠举了个例子:"以前卖菜两眼摸黑,不知啥价格,只能瞎碰;现在村里人用上了电脑、智能手机,建起微信群、微信公众号,现在可是'菜农不出门,便知全国菜'了!"

在村里的健身广场,一群老人、妇女正在锣鼓声中扭着秧歌,孩子们(在)一旁嬉戏打闹。"日子富了,才有心情扭啊唱啊跳啊!"谈起乡村振兴,见过"大世面"的耿遵珠说,"乡村振兴不是喊出来的,是干出来的。怎么干? 首要的是产业兴旺,有了富民产业,然后才能留住人、留住年轻人,最终形成人才、土地、资金和产业汇聚的良性循环。"

不知不觉,太阳越升越高。记者登上村里小区楼顶的"观景台",只见村子四周白亮亮一片,望不到边的大棚在阳光下熠熠生辉……拜年结束时,耿遵珠深有感触地说:"农村有了'棚二代',乡村振兴有力量啊!"

推荐理由:

该作品由《大众日报》菏泽记者站站长(聊城分社原副社长)王兆锋、记者杨秀萍、通讯员郑兆雷等撰写,入选2019年中国新闻奖三等奖。

近年来,关注乡村振兴的新闻报道非常多,优秀的也非常多,但能够"顺利出圈"者,一定有其独到之处。这篇报道,立足于乡村振兴的大格局的同时,也聚焦非常之处,创新性地瞄准"棚二代"人群,书写出了朴实而趣味盎然的乡村振兴欣欣向荣之景。

政策解读：

乡村振兴战略是习近平同志 2017 年 10 月 18 日在党的十九大报告中提出的。十九大报告指出，农业农村农民问题是关系国计民生的根本性问题，必须始终把解决好"三农"问题作为全党工作的重中之重，实施乡村振兴战略。

乡村是具有自然、社会、经济特征的地域综合体，兼具生产、生活、生态、文化等多重功能，与城镇互促互进、共生共存，共同构成人类活动的主要空间。乡村兴则国家兴，乡村衰则国家衰。我国人民日益增长的美好生活需要和不平衡不充分的发展之间的矛盾在乡村最为突出，我国仍处于并将长期处于社会主义初级阶段，这个特征很大程度上表现在乡村。全面建成小康社会和全面建设社会主义现代化强国，最艰巨最繁重的任务在农村，最广泛最深厚的基础在农村，最大的潜力和后劲也在农村。实施乡村振兴战略，是解决新时代我国社会主要矛盾、实现"两个一百年"奋斗目标和中华民族伟大复兴的中国梦的必然要求，具有重大现实意义和深远历史意义。

作品赏析：

这篇作品一是切题"小而美"，创造性地将一类人群升华为"棚二代"，以人为叙事主线，通过人的经历、讲述、感受与话语，将乡村振兴大图景中人的改变、收入的增加、配套设施的改善融入其中，表述非常流畅。

二是整体采访翔实，逻辑性强。从村支书的描述，到田间地头的写实场景，再由"现象"到"原因"的分析，有问有答，首尾呼应，感情流露自然，让人获得信息的同时，也感受到现场"人民有希望""乡村振兴有力量"的氛围。

三是写作风格非常朴实、接地气。作品开头就写此行是"向村支书拜年"。整体的采访过程，可以看出记者日常在"脚力"方面下足了功夫，和村民们很熟络，聊天的内容和氛围给人一种自然温馨之感。

记者手记：

2 月 19 日，《大众日报》第 2 版头条发表了我和郑兆雷等同志采写的稿件《田里多了"棚二代" 乡村振兴有力量》一文。没想到，这篇稿件内容引起了广泛关注。仔细想来，这个结果有偶然也有必然。这是《大众日报》编辑部长期坚持"走转改",提倡深入基层抓"活鱼",尤其是连续十多年要求记者春节期间坚持"新春走基层",密切关注反映基层现实的一个生动体现,是《大众日报》多年来众多"走基层"新闻报道中的一篇。

这篇稿子,从选题到采写,到定稿,是个比较艰难的过程。对于耿店村,记者长期关注,以前做过报道。记者曾以《鲁西缘何长出"小寿光"?》为题,在2014年12月7日的《大众日报》上做过报道,后来在《大众日报》聊城新闻版上也做过几次报道。乡村振兴战略实施后,加上耿店村村支书耿遵珠当选为全国人大代表,我们就想从耿店这个点上做做文章。但是,往往"熟悉的地方没有风景",到村里去座谈了几次,觉得这也可以写,那也可以写,比如基层组织建设、产业发展、耿遵珠个人的感人故事等,都可以写,却难以选择从哪里下手,一时间陷入了停摆状态,十分苦恼。笔者没有放弃,认真研读乡村振兴的相关文件、报道,又数次与耿遵珠沟通,与熟悉耿店村情况的茌平县委宣传部副部长郑兆雷商议,终于找到耿店村的特点:种大棚菜的中青年人越来越多。笔者家在农村,长期在基层采访,对农村比较熟悉,一直密切关注一个现象:在农村,种地的年轻人越来越少。农村的青年人多外出打工,到农忙时回来忙两天,或者干脆不回来。而且,农村小伙子找媳妇越来越难,彩礼越来越高,订婚需二三十万元,再加一套楼房一辆车,让男方难以承受。几十年后谁来种地的担忧,绝不是杞人忧天。在国家提出乡村振兴的大背景下,在农村令人担忧的现实情况中,耿店村的新现象就有了典型意义。

于是我们确定写"棚二代",并准备在《新春走基层》栏目发表。腊月廿九,我和记者杨秀萍去采访了一次,写出初稿。因为采访对象在忙着过年,谈得不细致不深入,只采访到两位"棚二代",当时的写作重点也放在他们着忙过年的喜悦上了,标题是《田里多了"棚二代" 大棚村里人气旺》。稿子写完,总感觉缺点什么,考虑再三,没有发布,准备再次采访。大年初三,我们钻大棚,到农户家拜年、座谈,力求找到"棚二代"愿意留在农村最打动人心的那个"魂"。为啥现在"棚二代"愿意留村?"棚二代"任传华说出了心声:"村里创业环境这么好,谁还愿意背井离乡去打工?"我们还去村集中供养中心,给那里的老人拜年,他们的生活条件和城里人没有多少区别,有暖气、空调、冰箱、直饮水机。77岁的商孝会老人说:"以前担心村里年轻人越来越少,村里只剩下我们这些老家伙,真害怕有个意外时没人管。现在不担心了,年轻人越来越多了!"

于是,我们和耿遵珠一起分析,将"棚二代"愿意留村的原因总结为"收入有保障"等三个。采访结束后,婉拒了耿遵珠在"大棚餐厅"吃风味农家饭的邀请,我回记者站修改稿件。对于标题的修改,我琢磨了好长时间,改为《田里多了"棚二代" 乡村振兴有力量》。"乡村振兴有力量",朗朗上口,比"大棚村里人气旺",更切合国家的大政方针,起到了画龙点睛的效果。见报稿就是用的这个标题。

(王兆锋)

案例二:《一个小山村的昨天今天和明天》赏析

一个小山村的昨天今天和明天
——靖安县高湖镇古楠村探索乡村振兴之路的启示①

古楠村是靖安县高湖镇的一个小山村。近年来,在乡村产业经济发展过程中,古楠村始终坚持"一产利用生态、二产服从生态、三产保护生态",充分利用山清水秀的生态资源,大力发展现代有机农业,在建设富裕美丽幸福山村的道路上进行了不懈探索,初步走出了一条独具特色的乡村振兴之路。

2017年,古楠村人均纯收入达1.32万元,今年人均纯收入预计可超1.6万元。如今,全村52户村民,家家户户都盖了新房,还有20多户村民在县城、镇上买了新房;超过七成的村民买了私家车;村里学生从小学到高中的所有学杂费、全村老小的医疗保险和养老保险费都由村合作社承担。这些年,古楠村先后获得"全国100个特色村庄""全省最佳人居范例奖""全国生态文化村""全省AAAA级乡村旅游示范点""全国无烟村"等称号。

古楠村走过了奋斗的昨天,迎来了幸福的今天,如何续写美好的明天?初冬时节,记者来到古楠村探寻、思索……

更新理念同走生态保护绿色发展的富裕之路

苦涩的回忆,翻出了古楠人不愿提及的过去:白云生处的古楠村,空气是清新的、天是蓝的、树是绿的、水是清的。但过去的古楠人,一直守着绿水青山过苦日子。95岁的舒信谏老人说:"以前村民们一年到头就靠种几亩田,到山上砍几根竹子过日子,一年下来,每人也就两三千元收入。"

产业发展是推进农业农村现代化的主抓手,产业兴旺是乡村振兴的重点。如何把绿水青山真正变成金山银山,让农民的钱袋子鼓起来?这考验着古楠村社区党支部当好"领头雁"的能力。

党支部书记钟英华是个视野开阔的新型农民,他说:"古楠村要富起来,一定要围绕'生产方式新'做文章,加快打造现代农业'升级版'。"2012年,古楠村

---

① 李旭,宋思嘉.一个小山村的昨天今天和明天:靖安县高湖镇古楠村探索乡村振兴之路的启示[N].朱力,李滨,编辑.江西日报,2018-11-28(A01,A03).

成立了生态种养专业合作社、圣康生态养殖有限公司,由原来的分散经营变为抱团发展,全村52户村民采取土地入股、资金入股的方式,实行联户股份制,风险共担、利益共享。

从"各炒一盘菜",变成"共办一桌席",激发了古楠人打造"农业净地"的内生动力。全村形成了山上养鸡种果、山下养猪养鱼、稻田养鸭养蛙的现代生态农业发展模式,兴建了高标准农田,构建了覆盖全程、综合配套、便捷高效的新型农业社会化服务体系,全域有机农业实现了快速发展。近年来,古楠村的水稻、蔬菜、水果、茶叶、猪、鸡、鸭、鱼等12个农产品中,有8个通过了绿色有机认证。去年8月上旬,古楠村凭借古楠有机大米,入围第六批全国一村一品示范村镇。有了好产品,股东们坐地分红,日子越过越红火。自2012年以来,村合作社的社员每年分红都以10%的速度增长。

产业振兴是乡村振兴的基础。古楠村正是找准了这个突破口,在发展产业过程中,创新农业经营主体,打开束缚生产力的"无形枷锁",形成"风险共担、利益共享"的运行机制,让村民入社当社员、入股成股东,极大调动广大村民的积极性、主动性、创造性。同时,充分保护和利用好山清水秀的生态资源,以深入推进农业供给侧结构性改革为主线,延长产业链、提升价值链、完善利益链,实现"小农户"与"大市场"的有效联(连)接,打通"生态资源—生态资本—金山银山"路径,实现"生态优势—产业优势—品牌优势—高附加值"的转化,让村民在产业发展中分享全产业链的增值收益,增强了生态保护发展带来的获得感,让绿色生态农业步入良性轨道。

塑形铸魂共筑生态宜居乡风文明的美丽幸福山村之梦

良好的生态环境和村容村貌是农村文明程度的直观体现,也是美丽乡村的基本特征。充分利用生态资源逐步富起来的古楠人,开始思考往后的路应该怎么走?

党支部一班人开出了两张"方子"。

第一张是"二产服从生态",让天更蓝、水更清、村庄更美。古楠人在坚持不引进有污染的企业的同时,开展美丽宜居乡村"四精"工程,精心规划、精致建设、精细管理、精美呈现,全力打造生态宜居美丽村庄。他们从圣康生态养殖有限公司提取公益金并从多渠道筹措资金,投入500多万元全面实施旧村改造、道路硬化、绿化美化。这一系列举措,推动古楠村在建设生态宜居美丽村庄的路上大踏步前行。

第二张是"三产保护生态",打造"绿色快车",发展"美丽经济"。在加强生态环境保护,实施造林绿化、森林质量提升、全面保护古树名木等的同时,让"绿水青山就是金山银山"在古楠村得到具体呈现。打造以"农宿文化"为主题的乡村休闲旅游,满足都市人"望山、见水、寻乡愁"的愿望,秀美村庄变成了"绿色工厂",绿水青山转化成了"生产力"。每逢节假日,前来"赏古楠木、品农家菜肴、游田园风光、购绿色食品、住农家屋"的游客络绎不绝,由此全村每年增收近200万元。

古楠人成功走出"二产服从生态、三产保护生态"新路,有两个重要因素。

首先是牢固树立"绿水青山就是金山银山"的理念,鼓足干劲打造美丽乡村,走"生态路",念"山水经",打"休闲牌",变田园为景区、农家为客栈,把农产品变成旅游商品,实现"以游促农、以农兴游",有效促进一二三产业融合,推动乡村自然资本加快增值,成为乡村振兴的重要经济支撑点,实现了百姓富、生态美的统一。

其次,坚持以社会主义核心价值观为引领,把传统文化与现代文明有机结合起来,坚持教育引导、实践养成、制度保障三管齐下,强化道德教化作用,焕发乡风文明新气象。

乡村振兴,乡风文明是保障。古楠村以德治村和制度体系建设相辅相成,两者相得益彰。党支部设立了村民学习日、孝老爱亲日等,制定了"村规民约""奖惩公约",教育引导村民遵纪守法、尊老爱幼、诚信仁爱、崇德尚善。村民舒大林感慨地说:"'村规民约'的11条量化为120分,如果扣分了,年底分红就减少,分数高就可得更多分红。就拿我来说,我原来习惯夏天穿条短裤,打个赤膊在村里转悠。'禁令'出来后,天气再热,我出门也会注意穿着。"

如今的古楠村,设立了义举榜、道德榜、功德录,文明乡风、良好家风、淳朴民风内化于心,寓德于行蔚然成风。全村十多年来未出现一起重大矛盾纠纷和刑事案件,实现了家庭和睦、邻里和谐、干群融洽。

砥砺前行续写绿色文化涵养绿色发展的乡村振兴新篇章

古楠村的今天,已经走出了乡村振兴的第一步,古楠村的明天如何百尺竿头更进一步,继续走好"一产利用生态、二产服从生态、三产保护生态"的绿色发展之路?高湖镇镇长余佳说:"古楠村用实践印证了'绿水青山就是金山银山'

的理念,秉承人与环境和谐共进、实现可持续发展的绿色文化,在坚持生态优先、绿色发展中尝到了甜头。"

根深才叶茂,树大好成林。为了进一步构建农村一二三产业融合发展体系,古楠人在加大投入治山理水、提升生态质量和效益的同时,联手全县10多个水稻种植专业合作社、2家粮食加工厂,组建成立古楠有机大米产业化联合体,推动古楠有机大米生产上规模、质量上档次。采取"生态农场+绿色农产品+社区体验店+社区配送"的方式,推出了有机水稻、生态黑猪肉等有机农产品的"私人定制"。古楠村的"互联网+实体+认养+可视+有机"经营模式,吸引了全国10多个省的众多消费者积极参与。他们还与外地客商洽谈,争取引进资金,打造一个田园康养综合体,与旅游观光、农耕体验相融合,形成中医诊疗、休闲避暑等产业链,大力开发农业多种功能。近日,他们与一位台商签订协议,由台商投资100多万元,将村里的几十幢农舍改建成动漫主题民宿。

"万山磅礴必有主峰,龙衮九章但挈一领"。生态保护和经济发展实践已经反复证明,只有立足国情省情农情,以产业兴旺为重点、生态宜居为关键、乡风文明为保障、治理有效为基础、生活富裕为根本,才能推动农业全面升级、农村全面进步、农民全面发展。

人民对美好生活的向往,就是我们的奋斗目标。今天的赣鄱田野乡村,是一个大有作为的广阔天地,新时代的农村迎来了难得的发展机遇。只要我们坚持走生态保护、绿色发展道路,按照"产业兴旺、生态宜居、乡风文明、治理有效、生活富裕"的总要求接力探索、接续奋进,不断汇聚起乡村振兴的磅礴力量,具有江西特色的乡村振兴之路,必将迎来更加光辉灿烂幸福的明天。

推荐理由:

这则深度报道获得了第二十六届江西新闻奖报刊通讯、系列报道类一等奖。深度报道要做"深",要有透过现象看本质的思考。2019年是改革开放四十周年,是具有重要历史意义的时间节点,主题报道要有思想"在场",从中见到时代精神。该报道抓住古楠村独具特色的乡村振兴之路,以小见大,深入思考,写出了新时代破解"三农"问题的新思路、新理念、新经验。"一产利用生态,二产服从生态,三产保护生态"的古楠模式具有鲜明的时代性、典型性和示范性。

《一个小山村的昨天今天和明天——靖安县高湖镇古楠村探索乡村振兴之

路的启示》一文发表后,"古楠模式"作为乡村振兴的典型在全国范围内获得关注。农业农村部调研组到古楠村调研,将古楠村的经验在全国乡村推广,"古楠模式"真正体现出典型报道的价值,道正声远。

此外,本则报道也体现了新闻工作者的"四力"。文章耗时两个多月,其间记者就待在古楠村与村民同吃住,细致观察古楠村的一切,切身体验古楠村的生活,用心发掘古楠村的变化,动脑动脚动手动笔,全面而真实地展现古楠村的一切。

政策解读:

2017 年 10 月 18 日,在党的十九大报告中,习近平同志提出乡村振兴战略。农业农村农民问题是关系国计民生的根本性问题,必须始终把解决好"三农"问题作为全党工作的重中之重,实施乡村振兴战略。响应党中央号召,江西省也发布了《江西省乡村振兴战略规划(2018—2022 年)》。江西作为农业大省,农业比重大、农村地域广、农民人口多,农村是我省发展的潜力和后劲所在。必须把实施乡村振兴战略作为新时代"三农"工作总抓手,始终坚持农业农村优先发展,牢固树立重农强农惠农的鲜明导向,全面推动乡村产业振兴、人才振兴、文化振兴、生态振兴、组织振兴,努力让农业强起来、农村美起来、农民富起来。自改革开放以来,作为农业大省的江西加快农村改革,"三农"工作取得了累累硕果。习近平总书记 2016 年初赴江西看望慰问广大干部群众时指出,江西生态秀美、名胜甚多,绿色生态是最大财富、最大优势、最大品牌,一定要保护好,做好治山理水、显山露水的文章,走出一条经济发展和生态文明水平提高相辅相成、相得益彰的路子。① 走"以绿兴农"道路的江西被列为全国唯一的绿色有机农产品示范基地试点省。"古楠村"响应号召,采用"一产利用生态、二产服从生态、三产保护生态"的新路,初步探索出一条独具特色的乡村振兴之路。

作品赏析:

小切口处亦可见大文章

中国改革开放四十周年,若以此为大主题写一则深度报道,你会如何策划

---

① 新华网.习近平春节前夕赴江西看望慰问广大干部群众[EB/OL].(2016 - 02 - 03)[2021 - 09 - 30].http://www.xinhuanet.com//politics/2016 - 02/03/c_1117985511.htm.

选题呢? 经过反复思考,《江西日报》决定将选题定位于农村改革。1978 年 11 月 24 日,安徽凤阳小岗村的农民在土地承包责任书上按下红手印,拉开了中国改革开放的序幕。而现在,2021 年发布的《中共中央　国务院关于全面推进乡村振兴加快农业农村现代化的意见》更是成为 21 世纪以来第 18 个指导"三农"工作的中央一号文件。江西作为农业大省,自改革开放以来,"三农"工作取得累累硕果。

确定农村改革乡村振兴的大方向,那又要如何采写出有高度、有深度、有温度、有特色的新闻精品?《江西日报》确立了抓典型、以小见大的清晰思路。靖安县高湖镇古楠村走"一产利用生态、二产服从生态、三产保护生态"新路,初步探索出一条独具特色的乡村振兴之路。获得这一线索后,报社敏锐地认识到,在江西,像古楠村这样生态环境好的村庄比比皆是,如果将古楠村的经验在全省推广,对江西把绿色生态优势转化为推进乡村振兴的发展优势有着积极的意义。事实也确实如此,稿件见报后,引起了强烈反响,得到了农业农村部和江西省委、省政府领导的肯定与高度评价。农业农村部领导称赞此稿是反映农村改革开放四十年的一篇站位高、时代感强、有深度的佳作,"古楠模式"为破解"三农"问题、实现乡村全面振兴、提高农民获得感和幸福感提供了一个可资借鉴的范本。农业农村部专门组织调研组到古楠村调研,写出了调研报告,将古楠村的经验在全国乡村推广。

此外,这则报道结构层次明晰,从古楠村村民安居乐业的现状入手,层层推进,讲述古楠村的昨天、今天和明天。这则报道的标题及开篇对全篇进行总的概述,各部分灵活运用小标题,段落结构清晰,方便读者阅读。"2017 年,古楠村人均纯收入达 1.32 万元,今年人均纯收入预计可超 1.6 万元。如今,全村 52 户村民,家家户户都盖了新房,还有 20 多户村民在县城、镇上买了新房;超过七成的村民买了私家车……"像这样在报道中列出具体数字,体现了报道的真实性,增强了报道的效果。报道善于运用"首先""其次""第一""第二"等序次语,具有逻辑性,全文行云流水,一气呵成。

报道于 11 月 28 日在《江西日报》上发布,在日期上距离 11 月 24 日(安徽凤阳小岗村拉开改革开放序幕日子)仅相差 4 日,日期十分接近,发稿时机有利于引发读者联想。

案例三:《"牛圈咖啡馆":创业好点子助力乡村振兴》赏析

"牛圈咖啡馆":创业好点子助力乡村振兴①

云南省临沧市双江拉祜族佤族布朗族傣族自治县的"牛圈咖啡馆"火了,返乡乡贤艾芒把闲置的牛圈改成咖啡馆,把佤族文化融入其中,让游客品尝当地优质咖啡,体验民族风情。

牛圈变成咖啡馆展现淳朴民族风情

现年49岁的艾芒是地地道道的双江佤族人。1996年,他离开家乡,踏上去北京影视研修学院的求学之路。毕业后,艾芒留在北京打拼,凭借自身音乐艺术特长和佤族文化魅力,他找到了属于自己的一片天空,创办云南民族文化特色餐吧——"埃蒙小镇",在北京成家立业。成功不忘众乡亲,艾芒把家乡一大批青年带到北京,让他们长见识、学本领、圆梦想。

一个偶然的机会,艾芒接触到咖啡,并有机会到埃塞俄比亚观摩学习。从此,他与咖啡结下了不解之缘。

"品尝了各国的咖啡后,我感觉还是我们云南的咖啡品质最好。"艾芒说。适逢其时,双江县实施"产业兴县"和"文化名县"战略,鼓励引导农村各类优秀人才返乡创业,积极参与家乡建设。一直关心家乡发展的艾芒加入返乡乡贤的队伍中,2012年,他回乡种植咖啡,与双江县布京村委会共同创建13.4公顷咖啡种植示范基地;2014年,他开办了第一个"埃蒙小镇咖啡体验馆"。

2019年,临沧市大力发展乡村旅游,艾芒为家乡的发展献计出力。他把老家布京村一间闲置的牛圈改成了咖啡馆,咖啡馆主色调是佤族人喜欢的红色和黑色,馆内陈设古老的农耕用具、佤族木鼓,以及一些佤族"古董"。走进咖啡馆,能让人感受到淳朴的民族风情。

咖啡馆带火了双江也带回了一批乡贤

"北漂20多年,当过歌手、开过餐厅,有时候觉得自己就像一只远飞的小鸟,但是,心里念的永远是家乡那片云。"艾芒表示,"家乡的变化实在太大了,鲜

---

① 制作单位与刊播平台:云南省临沧市双江拉祜族佤族布朗族傣族自治县融媒体中心。

花盛开、小桥流水,很多城里人都往这儿跑,我也带着当初一起闯荡的兄弟姐妹从北京回到这梦想开始的地方,和父老乡亲一起耕耘希望,一起收获幸福和快乐。"

"远飞的鸟"回来了! 2020年11月,双江第三个"埃蒙小镇咖啡体验馆"——位于双江县沙河乡景亢自然村的"牛圈咖啡馆"开业。和往常不同的是,艾芒这次从北京带回了一批乡贤,并将长期驻扎双江。白天,艾芒忙于咖啡基地管理和咖啡收购事宜;晚上,艾芒和另一个佤族歌手坐镇咖啡馆,弹吉他,唱民歌,传播民族文化和咖啡文化。"牛圈咖啡馆"每天座无虚席,成为双江又一"网红打卡地"。

和艾芒一同回来的佤族小伙子艾狄说,在北京的9年,自己学会了餐饮业管理,还了解了一些咖啡文化,掌握了咖啡饮品制作工艺,回到家乡能够把自己所学施展出来,感觉很有归属感。

艾芒返乡有信心振兴家乡咖啡产业

近年来,随着双江"产业兴县""文化名县"战略的深入实施,双江县绿色产业基地建设步伐加快。目前,双江县累计种植咖啡1333.4公顷。

前些年,由于当地咖啡市场不景气,双江群众对发展咖啡产业的信心和动力不足,对咖啡疏于管理。艾芒返乡向群众讲解咖啡产业的美好前景,向外拓展渠道,对接市场。仅2019年,艾芒共收购双江咖啡鲜果480吨,交易额达137万元。艾芒的返乡,又燃起了群众发展咖啡产业的激情。

"北京那边的餐厅有专人管理,我现在的主要精力是搞好咖啡,打算每年在双江驻扎五六个月,做好咖啡基地、咖啡收购,做好咖啡体验馆;用六七个月的时间在北京寻找大市场,做强做大'佤佤咖啡',对双江的咖啡应收尽收,让群众增加收入。"艾芒说,"我正在策划一个'咖啡节',想用独特的方式给家乡人民带来幸福和快乐,提振大家发展咖啡产业的信心。"

类似艾芒返乡的故事,在双江还有很多。据统计,2020年,双江县共有30余名乡贤返乡,共计回乡投资2000多万元,为乡村旅游发展、美丽乡村建设注入新动力。

推荐理由:

消息关注的是在脱贫致富、乡村振兴的时代背景下,云南返乡乡贤艾芒把闲置的牛圈改成咖啡馆的创业历程,贴紧了当下的时政热点。习近平总书记在庆祝中国共产党成立一百周年大会上的重要讲话鼓舞激励着广大中华儿女为实现美好生活不懈努力。将"贤治"引入"德治、法治、自治"融合发展中,助力广大青年、乡贤回村创业,让科技、资金等要素向家乡汇聚,实现乡村持续发展的"源头活水"生态圈的打造,是推进乡村全面振兴的题中应有之义。艾芒通过将牛圈改成咖啡馆,不仅把自己家乡的咖啡产业做了起来,还把佤族文化融入其中,让游客品尝当地优质咖啡,体验民族风情,向世界各地传播了自己民族的文化,同时吸引了一大批乡贤返乡创业,带动了家乡的经济发展,促进了乡村振兴,努力实现家乡的脱贫致富。除了资金,他们更为临沧带来了新业态、新理念、新思路,政治意义重大而深远,为广大人民传递了正能量。

这则消息题材立意深远,标题引人注目,讲述了艾芒从逃离家乡北漂创业到返乡助力乡村振兴的故事,情节真实且极具感染力,能够激发在外漂泊创业的青年的共鸣。

背景介绍:

在助力乡村振兴的道路上,有许多地区纷纷出台政策来鼓励、引导乡贤返乡。浙江省瑞安市陶山镇就是一个例子,该镇整合"乡贤能人"资源,鼓励和引导乡贤为政府科学决策发挥"智囊团"作用,全面参与家乡建设。该镇通过营造人人"学比乡贤"的良好氛围,以文化感召吸引优秀新乡贤回归,建立乡贤礼遇机制,激发乡贤回归积极性;出台鼓励乡贤回乡优惠政策,推出五项制度和"十个一"服务保障工作,重大乡贤回归项目"一事一议",确保乡贤想回归、能回归,安心创业,舒心生活;实施"两进两回",助力广大青年、乡贤回村创业,让科技、资金等要素向家乡汇聚,实现乡村持续发展的"源头活水"生态圈的打造,推进乡村全面振兴。

习近平总书记指出:"农耕文化是我国农业的宝贵财富,是中华文化的重要组成部分,不仅不能丢,而且要不断发扬光大。"[①]农耕文化是中国从未间断的文化,浸透着历代先贤的血汗,凝聚着民族的智慧,它集中升华了亿万民众的实践经验、教训和成功,体现和反映了传统农业的思想理念、生产技术、耕作制度

---

① 习近平.在中央农村工作会议上的讲话(二〇一三年十二月二十三日)[M]//中共中央文献研究室.十八大以来重要文献选编:上.北京:中央文献出版社,2014:678.

以及中华文明的内涵,以贤治助发展,树立美丽乡村建设新风尚。

艾芒返乡的故事,是双江县开展"贤治"的一个典型案例。在美丽乡村建设中,该县以自治为基础助力生态美,以法治为依据助力社会美,以德治为引导助力心灵美,以贤治为动力助力活力美,以智治为手段助力和谐美。通过自治、法治、德治、贤治、智治"五治",双江农业强、农村美、农民富,全县上下意气风发接续乡村振兴。

近年来,随着双江"产业兴县""文化名县"战略的深入实施,全县绿色产业基地建设步伐加快。全县目前已累计发展茶叶 253000.5 亩,甘蔗 99000 亩,茯苓、大黄藤、三七等生物药材 40000.5 亩,咖啡 20001 亩。

前几年,由于当地咖啡市场不景气,双江群众发展咖啡产业的信心和动力不足,对咖啡地疏于管理。艾芒返乡后,耐心地向群众讲清咖啡产业的美好前景,广泛动员群众管好这颗"金豆豆"。同时,他还向外拓展渠道,对接市场。2019 年,艾芒共收购双江咖啡鲜果 480 吨,交易额达 137 万元。这又燃起了群众发展咖啡产业的热情。包括艾芒家乡在内的滇西南地区是我国优质咖啡产地,云南咖啡产量占全国 98% 以上。

2019 年底,临沧市召开乡村旅游发展大会,景亢村被列为考察点之一。时任临沧市委书记杨浩东带队考察了艾芒的牛圈咖啡馆,并征询他对乡村振兴的意见建议。艾芒想了想,提出一条:"要把更多业态融入乡村。"

如今,临沧不再贫困。经过艰苦努力,临沧市 8 个贫困县全部摘帽,562 个贫困村全部退出,36.9 万贫困人口全部脱贫,大理至临沧铁路建成通车,临沧开通了第二个民用机场,建成了第一条高速公路。

作品赏析:

中宣部新闻局、中宣部宣传舆情研究中心指导,"学习强国"学习平台主办,各省(区、市)和新疆生产建设兵团学习平台协助组织、共同举办了 2021 年第 1 期全国县级融媒体中心优秀作品双月赛,各省级学习平台对投稿作品进行初评,"学习强国"学习平台组织专家评审团队对优秀作品进行复评、终评,其中云南省临沧市双江拉祜族佤族布朗族傣族自治县融媒体中心的《云南双江"牛圈咖啡馆":创业好点子助力乡村振兴》获二等奖。

从选题来看,该作品直面脱贫攻坚和乡村振兴两大时代主题,通过讲述返乡乡贤艾芒回乡创业助力家乡咖啡产业发展的故事,以小见大,反映了当下许多地区的"贤治"政策以及在外创业的青年愿意回乡创业的情景。报道刊出后受到了新华网、人民网等多家央媒关注,并引发了强烈的社会反响。

从文本质量来看,该作品的标题"牛圈咖啡馆"很接地气,能够引起受众的关注,激发了受众阅读下去的欲望,标题中的"助力乡村振兴"正是当下的时政热点,体现了该作品的接近性和重要性。直接式导语,开门见山,满足读者对信息的需求,简要概括了新闻的主要内容。文章结构层次分明,用三个小标题将文章分为三个部分,按照时间顺序讲述了艾芒从一个北漂歌手到在北京成家立业、创办云南民族文化特色餐吧再到返乡创业,给家乡带来了一大批乡贤;也让我们看到了随着双江"产业兴县""文化名县"战略的深入实施,双江咖啡产业也得到重振。用事实说话,用数据说话,从"与双江县布京村委会共同创建13.4公顷咖啡种植示范基地""双江县累计种植咖啡1333.4公顷""艾芒共收购双江咖啡鲜果480吨,交易额达137万元"可以看出艾芒返乡创业的成功,同时也带动了乡村的经济发展;"据统计,2020年,双江县共有30余名乡贤返乡,共计回乡投资2000多万元,为乡村旅游发展、美丽乡村建设注入新动力"直观地给受众展示了艾芒不仅给家乡带来了资金,还带来了人才,振兴了家乡的咖啡产业。文中还提到了"适逢其时,双江县实施'产业兴县'和'文化名县'战略,鼓励引导农村各类优秀人才返乡创业,积极参与家乡建设"这一大背景,给新闻作品提供了背景补充,也正是在这样的背景下,使得越来越多像艾芒一样的青年返乡创业,助力乡村振兴。记者写新闻报道还离不开语言,语言运用得好或差与新闻作品的成败有着密切关系,该作品语言简练、通俗、生动,易于被群众接受,把它放在广阔的时代背景上分析、比较、衡量,做到既有"点"上的了解又有"面"上的把握。

此外,该新闻在进行报道时还结合了一段艾芒的采访视频,在7月1日晚播出的《新闻联播》中,云南省临沧市双江拉祜族佤族布朗族傣族自治县布京村村民艾芒接受了采访,他说出了云南各族群众的心声:"作为地处祖国边疆的一名佤族群众,我们实现了千年的跨越,实现了脱贫致富奔小康。听完今天习近平总书记的讲话,我们对未来的日子更加充满信心!"新闻作品在进行报道时应该是全方位的,特别是报道新闻人物时,要注重对人物各方面的采访,同时也要注意刻画细节。新闻报道特别讲究对细节的展示和刻画,细节让新闻变得生动形象,成功的细节刻画能够大大提升新闻价值,增强报道效果,比如艾芒的"牛圈咖啡馆"中的装饰品都是佤族当地特色装饰,将佤族文化融入其中,让游客品尝当地优质咖啡,体验民族风情。

在渠道方面,云南省临沧市双江拉祜族佤族布朗族傣族自治县融媒体中心将该新闻作品投稿到全国县级融媒体中心优秀作品双月赛,并获得了二等奖,在平台传播开来,吸引了大批点击量,同时也引来了许多官方媒体进行转载传播,充分发挥了网络媒体的优势。同时,该新闻还登上了《新闻联播》,使得一些不怎么使用网络获取信息的老年群体也能获取到该新闻。

思考题:

1. 从王兆锋的记者手记中,你学习收获了什么? 你认为最好的基层报道,需要记者具备哪些能力?

2. 经济类的新闻相对来说数据比较多,行文比较质朴,如何在标题、开头就吸引受众的目光,扩大报道影响?

3. 请走访你家乡所在的乡村地区,调研寻找乡村振兴中与其他地区不同的做法亮点,并思考存在的问题。

（本章组稿、撰稿:刘 珊）

第三章 党 建 篇

 作为中国共产党领导革命取得胜利的"三大法宝"之一,党的建设长期以来都是各级党委的重点工作。党的十九大报告第一次把政治建设纳入党的建设基本内容总布局,第一次明确提出"党的建设质量",要求党的建设服务于党的执政需要。在新闻舆论工作中,如何通过宣传不断激发组织活力,增强党员干部政治意识、建设能力与工作水平,是党的媒体及新闻工作者时常面对的问题。本章将围绕党建工作中的思想建设、组织建设、作风建设等方面内容,展现基层新闻工作者对这一传统命题如何与新时代、新方法紧密融合的行动与思考。

案例一:《古存"六尺巷" 今有"七尺路"》赏析

古存"六尺巷" 今有"七尺路"①
龙市镇政府大院拆墙让地成路传佳话

相邻相处间,曾几何时,一个"让"字,成就了邻里和谐的"六尺巷"古典美谈;而现如今,在井冈山市,龙市镇政府大院宁舍翻建食堂,也要让道七尺、破墙成路,演绎了党委政府让利为民的"七尺路"现代佳话。

"七尺路"紧靠龙市镇政府东北边的围墙,长约 330 米,是附近龙市村庙前组通往外界的主要道路。10 月 29 日,记者在现场看到,宽约 7 米的道路,右侧设置了一些停车位,尽管如此,依然可以顺畅会车,行走在宽阔的路上,三三两两的人有说有笑。

"30 吨的大货车都能过,今年我家盖新房,建材直接拉到家门口。以前比这个窄多了,路可不好走啊……"68 岁的庙前组组长肖一飞,目睹了道路的变化。他打开手机里的"收藏",珍藏已久的视频、图片反复播放,向记者讲述起了"七尺路"的"长成记"。

改造前的"七尺路",只有约 2.8 米宽,紧贴着镇政府的围墙,还有一条约 1.5 米宽的排污沟,部分村民在沟上建起了厕所。由于道路过窄,往来很不方便。"只能开手扶拖拉机! 我开面包车,就和摩托剐蹭过……"肖一飞说。村民陈祖冈建房子时,大货车司机想一展身手,不料车轮陷进沟里动弹不得,陈祖冈只能全家上阵,板车接驳、肩扛手提,忙活了一个下午。

初心接民心。群众的呼声,就是当地党委政府的施政方向,镇党委书记刘君暗暗下了破墙让路的决心。但决心易下,利益难舍。镇政府食堂已历 30 余年,年久失修,呈梯形状,不便使用,很是局促。整个食堂,厨房加餐厅也不到 60 平方米,近百名职工用餐,坐不下时,大家只好端到办公室吃。翻建食堂,呼声甚高,镇里原打算利用围墙内的 100 多平方米,拆旧建新。

"要把有限的资源用到百姓最需要的地方上。"刘君告诉记者,破旧食堂可

① 张晶,段江婷,徐瑞春.古存"六尺巷" 今有"七尺路"［N］.张晶,李燕,肖娟,编辑.井冈山报,2020 - 10 - 31(01).

以勉强凑合着用;百姓出行事大,断不可轻易凑合。镇政府拆除了一段围墙,让出近200平方米,腾出空地2米多约七尺宽;排污沟改为下水道,新增道路1.5米宽;加上原来的2.8米宽路,近7米宽的道路雏形隐现。

看到党委政府倾心为民,群众的心气一下子顺了,一些党员率先拆除自家占道围墙、门头,几户村民趁夜色悄悄拆除了排污沟上的自家厕所。铺下的是路,联通的是心。如今,"七尺路"已建成通行颇有段时间,然而镇政府食堂依旧没有翻建,引来群众纷纷点赞。

推荐理由:

在第二十八届江西新闻奖评选中,《井冈山报》参评作品《古存"六尺巷"今有"七尺路"——龙市镇政府大院拆墙让地成路传佳话》获得报刊消息、言论类一等奖。这是一篇从民众角度"汇报"党建工作成绩的佳作,紧紧围绕增进人民福祉。作品站在历史和时代的交汇点,聚焦"江山就是人民,人民就是江山"这一重大政治论断,讲述了新时代党员干部以人民为中心,党委政府让利为民"七尺路"的现代佳话。

背景介绍:

习近平主席指出:"人民是历史的创造者,人民是真正的英雄。①"党同人民群众联系的问题是关系党生死存亡的问题。坚持以人民为中心的发展思想,就是坚持人民主体地位,践行全心全意为人民服务的根本宗旨,把党的群众路线贯彻到治国理政所有活动之中。坚决打赢脱贫攻坚战,就是党向全国人民的郑重承诺。

2020年是全面建成小康社会目标实现之年,是全面打赢脱贫攻坚战收官之年。坚决打赢脱贫攻坚战、全面建成小康社会是当年工作的主题主线,也为各级新闻媒体展现作为提供了广阔舞台。

2020年6月11日,"走向我们的小康生活"大型主题采访报道活动在全国范围内启动,"决战决胜脱贫攻坚、全面建成小康社会"重大主题宣传全面铺开。

---

① 新华网.习近平:在第十三届全国人民代表大会第一次会议上的讲话[EB/OL].(2018 - 03 - 20)[2021 - 09 - 30].http://www.xinhuanet.com/politics/2020 - 05/15/c_1125989644.htm.

中共中央政治局委员、中央宣传部部长黄坤明出席活动启动仪式并讲话,强调小康承载初心、小康属于人民,要记录好、呈现好全面建成小康社会伟大壮举,充分彰显我党担当使命、一诺千金的不懈追求,展现人民群众共建美好家园、共享幸福生活的生动实践,汇聚起坚定信心克难关、同心同德奔小康的强大力量。

为此,《井冈山报》特别开设了"走向我们的小康生活"专题,记者一行在深入基层的采访报道中,争做"四力"践行者,贴近火热生活、走到群众身边,聚焦"人民眼中的小康",围绕人民群众的获得感、幸福感、安全感,讲好井冈儿女用勤劳双手创造美好生活的小康故事。通过一系列质量高、传播广的精品力作,激励广大干部群众同心奋斗,努力将幸福生活的憧憬变成现实。

作品赏析:

人民群众是新闻作品力量的源泉

"江山就是人民,人民就是江山。"①在党史学习教育动员大会上,习近平总书记这句话道出了颠扑不破的真理。井冈山市龙市镇党委政府让利为民"七尺路"现代佳话,传递了基层党组织、党员同人民群众始终想在一起、站在一起、干在一起,将"人民"二字镌刻在时代答卷上的初心与使命,映照着"一切为了人民,一切依靠人民"的思想光芒。

人民群众是党的工作的力量源泉,人民群众也是新闻作品力量的源泉。作为一门实践性很强的学科,新闻从实践中来,到实践中去;从群众中来,到群众中去。新闻记者只有践行"四力",深入群众,才能写出上佳的新闻作品;新闻作品只有与人民群众同呼吸,与时代共命运,才能具有反映事件、引领视点的魅力。

主题鲜明,文字精练。"江山就是人民,人民就是江山,人心向背关系党的生死存亡。"习近平总书记在党史学习教育动员大会上强调,"赢得人民信任,得到人民支持,党就能够克服任何困难,就能够无往而不胜。"②人民是历史的创造者,人民是真正的英雄。如何采写报道这一宏大的题材?本文仅946字,篇

---

① 新华网.习近平:在党史学习教育动员大会上的讲话[EB/OL].(2021 - 02 - 20)[2021 - 09 - 30].http://www.xinhuanet.com/2021 - 03/31/c_1127278288.htm.
② 新华网.习近平:在党史学习教育动员大会上的讲话[EB/OL].(2021 - 02 - 20)[2021 - 09 - 30].http://www.xinhuanet.com/2021 - 03/31/c_1127278288.htm.

幅虽短,然以小见大,字里行间,足可见到"以人民为重"的千钧之力。消息叙事性强,所揭示的道理通俗易懂,极易引发强烈的情感共鸣。

寻常事件,善于提炼。作者这篇消息完全是"跑"出来的,只有跑得与人民更近,才能获得最鲜活、冒着热气的素材。新闻发生在井冈山的一个乡镇。井冈山是中国革命的摇篮,孕育了"坚定执着追理想、实事求是闯新路、艰苦奋斗攻难关、依靠群众求胜利"的井冈山精神。"江山就是人民,人民就是江山"的论断,和井冈山精神一脉相承。在革命时期,人民军队建设有"三大纪律八项注意"的光荣传统;在当今,政府让道七尺,破墙成路。作者没有单纯就事件写事件,而是站在历史时空经纬点,将就近事件与历史背景融合提炼,赋予文章更强大的生命力。

构思奇巧,善用冲突。消息聚焦身边人、身边事,既有历史铺垫(六尺巷、井冈山革命传统),又有新近事件铺陈,辅以数字说明,读来让人倍感熟悉和亲切。作者在文字处理上也十分讲究,新闻事实在矛盾中铺展,在冲突中升华:比如,镇政府食堂局促和干部职工用餐需要的矛盾;比如,狭窄的道路和群众出行需要的矛盾;比如,翻建食堂和破墙让路的矛盾,翻建食堂就没有空间破墙让路,反之破墙让路则无法翻建食堂。然后,作者聚焦镇里"破旧食堂可以勉强凑合着用,百姓出行事大断不可轻易凑合"的观点和相应决策、行动,读者的心灵也随着矛盾发展而起伏。最后,百姓出行的矛盾得以根本缓解,读者心情释然;翻建食堂之事无奈搁置,读者在略感遗憾的同时,更叹服党委政府的忠诚干净担当。

记者手记:

一次偶然的机会,记者来到井冈山市龙市镇,本意采访脱贫攻坚,无意间发现镇政府食堂极为简陋,采访了解到,为了方便群众出行,镇政府宁舍翻建食堂,也要让道七尺、破墙成路,附近百姓自发把这条无名路称为"七尺路"。久而久之,"七尺路"在当地无人不知无人不晓;党委政府让利为民"七尺路"的故事,更是成为现代佳话,在当地传为美谈。

出于职业敏感,记者苦思冥想:比之于一般的脱贫攻坚、产业扶贫、小康生活,这个素材以小见大,极为难得。脱贫攻坚,是为了让群众过上幸福生活;让利为民的"七尺路"现代佳话,同样是为了提升群众的幸福指数。为了群众利益,镇党委政府甚至舍弃了自身的小利、眼前利益,尤显难能可贵。

一条"七尺路",一锅大灶饭,吃出三种味。记者细品,其一是清廉味,镇干部在这样的环境下干事创业,无怨无悔,很是难得;其二是人情味,由于条件有限,部分干部职工只能到办公室吃饭,镇政府并没有一味禁止,而是因地制宜,采取了人性化的管理方式;其三是为民味,公而忘私,破墙让路,是宽广胸怀,更是民本情怀。

细心采访,匠心布局,精心编排,2020 年 10 月 31 日《井冈山报》上,《古存"六尺巷" 今有"七尺路"——龙市镇政府大院拆墙让地成路传佳话》一文,在头版倒头条位置强势刊登,编辑还做了套红加彩强化处理。消息刊发后,引起广大读者关注。

(张　晶　段江婷　徐瑞春)

案例二:《鄞州区融媒体中心"向人民报告"活动》赏析

我区举行"实事实做 民生为重·向人民报告"活动①

褚银良指出,要做到民有所盼我必谋、民有所呼我必应、民有所需我必为

本报讯 对民生实事项目完成情况向人民报告,是践行人民至上理念的具体体现,是取信于民、造福于民的实际行动。昨天下午,由区人大常委会主办的"实事实做 民生为重·向人民报告"活动在区文化艺术中心举行。活动将2020年度鄞州区民生实事项目推进落实情况摆上台面,面对面接受人大代表、人民群众的考评。

市委常委、区委书记褚银良在现场对活动进行点评。彭朱刚、王兆波、杨慧芳、郑坤法、王邦进、翁敏、林琪、夏素贞、胡开通、钱芳、吕益军等参加活动。

全年完成汪董小区、兴裕新村等5个老旧小区改造,共完成改造面积84.1万平方米;完成12个沿街区块店铺截污纳管和3个管网整治工程……在活动现场,区综合行政执法局、区水利局等单位"一把手",围绕所负责的民生实事项目进行报告。现场人大代表、媒体代表和线上网友们围绕关切领域和民生问题,就基层卫生院如何提升诊疗服务、进口冷链食品如何监管、文化礼堂如何增加优质内容服务供给等方面犀利提问,各相关单位负责人一一按实回答。

褚银良在现场点评指出,各相关单位要一诺千金、说到做到,真正落实好、兑现好。他强调,满足群众对美好生活的向往没有终点,要做到民有所盼我必谋,必须坚持以人民为中心,在争创社会主义现代化先行区的征程中,解决好"我是谁""为了谁""依靠谁"的问题,从群众期盼、美好生活出发,推动共建共享、共同富裕,促进人的全面发展、人的现代化。民有所呼我必应,要有"一枝一叶总关情"的为民情怀,将人民呼声真切地落实在行动上,认真对照"三个再"的要求,主动走进群众、倾听呼声、释疑解难,真正做群众的贴心人、代言人、勤务员。民有所需我必为,既要将心比心,站在群众的角度想问题,也要用脚步丈量民情,把情况摸清、原因找准,还要主动向群众请教,更加广泛地汲取民智、汇聚

① 袁媛,陈裘超. 我区举行"实事实做 民生为重·向人民报告"活动[N]. 鄞州日报,2020-12-31(01).

民力,更要事不过夜、一抓到底、举一反三为群众解决揪心事、烦心事、操心事。

区委副书记、区长王兆波在现场承诺表态,坚持实事实做、民生为重,继续盯紧目标,确保高质量完成全年任务,同时做好明年民生实事项目的征集筛选,确保民生实事项目真正可落地、惠民生。区政府将继续为人大监督、舆论监督、社会监督创造条件,不断深化创新"向人民报告""选民说事,代表督事"等工作方式,努力提高群众参与感、满意度。

今年是区人大"向人民报告"系列活动的第三年,区人大常委会主任杨慧芳在活动前接受采访,对前两年活动进行简短回顾,并表达了对此次活动的期许。活动现场,除场内的区人大代表外,另有200余名区人大代表通过"扫码参会"的方式,共同对2020年鄞州区民生实事项目进行了满意度测评,"线上+线下"代表参会投票率达95%。根据测评结果,"断头路"打通及公路改造提升项目满意率为99.34%,老旧小区改造项目满意率为98.03%,美丽城镇及美丽宜居村建设项目满意率为99.02%,区域性居家养老服务中心建设项目满意率为96.72%,"污水零直排"建设项目满意率为96.72%,医疗卫生基础设施建设项目满意率为98.69%,农村饮用水达标提标项目满意率为99.02%,食品安全检验检测项目满意率为97.05%,农村文化礼堂、"说事长廊"建设项目满意率为100%,中小学校、幼儿园建设及"最美上学路"综合改造项目满意率为98.69%。

超过125万人次网友通过网络直播,收看了此次活动。

推荐理由:

"向人民报告"不仅仅是一场时长近三小时的融合直播活动,更是鄞州区融媒体中心的品牌策划,虽然这一品牌并非来自媒体的原创,而是权力机关、管理部门和宣传单位合力的结果。2019年,鄞州区人大常委会为加大对民生实事项目实施情况的监督,创新打造了"向人民报告"监督品牌,并在年初举行了首场"向人民报告"政情直通活动,通过电视镜头"向人民报告"2018年十大民生实事项目的完成情况。年末,区人大常委会在首场基础上创新升级,和区委宣传部联合推出"向人民报告·民生实事之问"电视问政活动,聚焦鄞州区2019年度十大民生实事项目,通过"代表通道""向人民报告""民生实事之问""现场评议"四大环节,十一个部门"一把手"向人大代表、群众面对面报告,交出民生"答卷"。

"向人民报告"活动作为该区做深、做实民生实事项目"后半篇"文章的重要内容，一经推出即受到了广泛关注和好评。首场开展的"向人民报告"政情直通活动受到时任浙江省委书记、省人大常委会主任车俊同志肯定，并获评浙江省第二十八届人大好新闻奖二等奖。第二场"向人民报告·民生实事之问"电视问政活动，首开现场直播、首开实时推送、首开"代表通道"，共有81万人通过网络直播进行观看，形成了强大的传播效应，进一步打响了"向人民报告"品牌。

策划评析：

自习近平总书记在2018年全国宣传思想工作会议上提出"要扎实抓好县级融媒体中心建设，更好引导群众、服务群众"以来，县（区）级融媒体发展逐渐成为传统媒体与新兴媒体融合的焦点领域。县级党政机构在党的组织结构和国家政权结构中"处在承上启下的关键环节，是发展经济、保障民生、维护稳定、促进国家长治久安的重要基础"。[①] 建设县级融媒体中心不仅是互联网环境下地方传媒体系的维护与升级，也是完善国家治理体系、强化政府治理能力的重要手段。服务于党的中心工作是马克思主义新闻思想"党性论"的实践体现，基层媒体的融合发展同样遵循着这一理念。

"向人民报告"系列活动本质上是新媒体环境下，执政党充分利用互联网工具改善地方治理的独特举措，该做法承袭了传统媒体时代"电视问政"类栏目的基本做法，并通过网络平台加以完善。鄞州区融媒体中心通过加强"网、台"互动融合，使得鄞州电视问政节目通过省、市级新闻客户端现场直播后，最高点击量达到80万次，开宁波市问政直播之先河，吸引了中央级媒体的关注。该活动通过电视、网站、客户端等媒体资源将鄞州区民生实事项目推进落实情况告知公众，相关部门负责人面对面接受人大代表、媒体代表和线上网友的考评，区委主要领导在现场对活动进行点评。在2020年"实事实做　民生为重·向人民报告"的活动现场，除场内的区人大代表外，另有200余名区人大代表通过"扫码参会"的方式，共同对民生实事项目进行了满意度测评，"线上＋线下"代表参会投票率达95%，充分发挥了"人大监督＋社会监督＋媒体监督"的作用。现场提出的相关问题，区人大常委会制定问题意见处理规则，明确整改落实的具

---

① 习近平.习近平谈治国理政:第二卷[M].北京:外文出版社,2017:140.

体要求,监督并支持政府部门精准落实整改。

意见表达与舆论监督是当前民众政治参与的主要形式,在过去,两者的实现与传统媒体有密切关系,党的宣传体系重要功能之一就是了解民情、反映民意。研究表明,在受众的媒体功能认知中,"舆论监督及社会整合"对主流媒体传播力有显著的积极影响。对公务人员和公共行政事务的监督也是提高媒体影响力、拉近与民众距离的实用举措。在地方治理中,媒体监督常作为政府治理工具而使用,各地电视台一大批"电视问政"栏目的出现,也是地方媒体监督作用发挥的具体体现,然而这种监督普遍显现出较强的政治依赖性,即服从或者配合政府相关职能部门的监察、督查行为,依靠政治权力主体授权实施监督活动。舆论监督可以为社会政治发展过程提供空间,缓解增长的政治参与诉求和参与条件之间的矛盾。媒体监督权力不仅来自行政授权,也源自民众所拥有的表达权和监督权的"代理"和"转移"。在有序参与的框架内,传统的群众监督具有间接性,由代表机构和中介组织代为行使监督权,民众向相关机构组织传递诉求来获得意见向上流动的机会,而过程中时间的及时性和信息的完整性都难以保障。新媒体环境下,民众能够通过地方论坛、"政府信箱"、关注官员和机构的社交媒体账号等多种方式直接表达诉求和批评意见,媒体的"代理"角色式微。但是在这一背景下,地方媒体依然能够有所作为。首先,从报道监督、电视问政到网络问政,县域融媒可以通过新平台丰富民众参与问政的形式和频率;其次,在网络表达和诉求中内容多样、鱼龙混杂,媒体为中介发挥专业能力对信息进行筛选、衡量成为民意的"过滤网",减少政府辨别的时间成本、节约行政资源,协助政府更好地处理社会需求;再次,虽然网民数量已非常庞大,然而网民依然不能完全替代民众,关注网络数字鸿沟后的非网民群体的意见表达,实现网络政治参与的平等性,提高民众参与的积极性,也是媒体发挥作用之处。

栏目自评:

作为区级融媒体中心,鄞州区打响了"鄞响"全媒体发布平台,并推出线上+线下舆论监督全媒体矩阵,问政类节目成为提升鄞州区融媒体中心影响力的一张金名片。地方党委政府尤其是主要领导的重视,对该活动影响力的扩大起着举足轻重的作用。地方主管部门通过批示,将党委政府肯定怎样做、应该怎么办、提出怎么改等信息快速反馈给各级各部门,从而有力推进了区域党政中心工作。目前,鄞州区融媒体中心已推出多样的主题报道和舆论监督形式,包括周播电视舆论监督栏目《鄞视聚焦》、新闻专栏《鄞响聚焦》、专栏评论《钱湖走笔》、宁波市民专栏的电视问政类访谈节目《民情面对面》以及电视问政类系列活动的舆论监督五大品牌全媒体矩阵。

"向人民报告"系列活动是舆论监督矩阵里的一大亮点。该区融媒体中心的节目起步于2018年,至今已陆续推出三十余场不同层面、形式丰富的电视问政节目,如融比赛于问政的"民情面对面——局长问政公开赛",摆到问题现场的"群众考干部"乡镇巡回活动,聚焦民生实事项目代表票决制的"向人民报告"专场,省级创新工作的"请你来协商"政协委员说事,鄞州电视问政节目品牌效应逐渐凸显。现在,鄞州区融媒体中心的电视问政节目已经形成了一个闭环。它并非只报道地方问题或经验,也重视本地反响,关注痛点。为了不让问政流于表面,融媒体中心会组织涉及问题方的单位、集体共同观看节目,谈感想,落实解决方法。

电视问政的鄞州现象获得了业内多方关注。曾任中国社会科学院新闻与传播研究所所长的唐绪军一行在鄞州调研期间访谈了鄞州区委主要领导,听取了区委宣传部及有关部门的介绍,实地考察了商业街环境整治和仇家漕断头河治理。唐绪军表示:"鄞州区委区政府较好地运用媒体手段促进工作。鄞州区融媒体中心推出的'电视问政'等建设性新闻报道特色鲜明,效果明显。"

案例三:《全市163名贫困村第一书记申请留任》赏析

"巩固脱贫成果之时,不可松劲当再助把力"
全市163名贫困村第一书记申请留任①

8月5日,记者在永新县三湾改编地采访,偶遇2015年采访对象——三湾乡九陇村第一书记郑兵。记者纳闷,两年一届的第一书记任期早已结束,怎还没打道回府?

村支书练新明看出了记者的心思,解释说:"郑书记见多识广,愿为村民办事,是村里的主心骨。大家都当他是'自家人',希望他留下来。"

一留再留,一干就是三届。郑兵动情地说:"真不舍得离开乡亲们。当单位领导商量要我继续留任,我二话没说,当场同意。"

记者随后从市委组织部获悉,自2015年初,我市推行"党建+扶贫"模式,组织机关单位、党员干部参与脱贫攻坚,实现贫困村单位帮扶、行政村派驻第一书记、贫困户结对帮扶"三个全覆盖"。其中,市、县两级共派驻第一书记3600余人次。所派干部不负众望,驻得住、扎得下、干得实,成为贫困户脱贫路上的"领头雁",在脱贫攻坚战中发挥了重要作用。此外,所派干部在乡村治理等方面也有不俗业绩。至2018年,全市648个贫困村出列。

虽然我市贫困县全部摘帽,但脱贫不脱政策、脱贫不脱帮扶,工作重心转到后续巩固提升脱贫成果上来。在今年新一轮选派第一书记时,市本级25名、各县(市、区)138名贫困村第一书记,申请再工作一个任期,在脱贫攻坚决胜阶段,带领群众实现稳定脱贫奔小康。

市农业农村局选派驻永新禾川镇汴田村第一书记吴页宝说:"我们村刚'摘帽',一些种养项目眼看就要见成效,关键时刻哪舍得走!"汴田村已完成所有自然村新农村建设、排灌站建设、水渠修复疏通、大棚蔬菜和肉牛产业基地建设、高标准农田建设、饮水工程、危房改造和村小提升工程等,如今道路宽了,村庄

① 张建华.全市163名贫困村第一书记申请留任[N].杨中亮,胡志勇,孔璐,编辑.井冈山报,2019–08–07.

亮了，民风好了，村民也富了。

贫困村干部群众也热切期盼优秀的选派干部能留下来。吴页宝的对接帮扶贫困户肖海华说："'菜书记'吴页宝驻村后，带来了露天特早熟毛豆产业、高效大棚蔬菜产业和肉牛养殖产业，28户贫困户完全掌握技术直接参与种养，户均增收6000元以上，蔬菜产业每年为村民增收50多万元，如今蔬菜种植成了汴田人发家致富的支柱产业。"

"巩固脱贫成果之时，不可松劲当再助把力。"这是申请留任的163名贫困村第一书记的共同心愿。市交警支队派驻遂川县雩田镇村口村第一书记方敏军，经历了3个贫困村，担任了4年驻村第一书记兼扶贫工作队队长，从事扶贫工作近7年，累计为贫困村争引各类资金600余万元，100余户贫困户在他的帮助下实现脱贫致富，今年他依然申请留任。方敏军说："跟村民结下深厚感情，心已经在这里。"

推荐理由：

消息接天线（眼中有国家脱贫攻坚大形势）接地气（笔下有基层实践的小故事）。消息关注的就是脱贫攻坚战关键时刻发生的感人事件，为受众传递了脱贫路上的好声音、正能量，既展示了吉安攻城拔寨的骄人成绩，又讲好了第一书记为打好打赢脱贫攻坚战的初心故事，同时增添了全市人民对创造美好生活的活力与动力，政治意义重大而深远。

重大题材不一定全需宏大的叙事来呈现。本作品政治站位高，立意高远，有温度有深度，见人见事见精神；作品生动鲜活，通过故事化表达，有气氛有场景，地域特色明显；作品内容具有代表性和典型性，真实感人，文字表现力、感染力拿捏到位，有热度、有启迪，能极大地引发共鸣。

政策解读：

2010年，国务院印发《中国农村扶贫开发纲要（2011—2020年）》，提出"加强定点扶贫"和"加强基层组织建设"的要求，"鼓励和选派优秀年轻干部到贫困村工作"，"第一书记"驻村帮扶实践在安徽（2001年）、福建（2007年）、河南（2010年）等省先行探索的基础上得以在全国范围内推开。2013年精准扶贫理念提出,"双到"扶贫工作机制(即贫困村有扶贫工作队、贫困户有帮扶责任人)成为其重要内容。2014 年,国务院扶贫办等七部门在《关于印发〈建立精准扶贫工作机制实施方案〉的通知》中提出"建立干部驻村帮扶工作制度"。2015年,中组部、中央农办、国务院扶贫办联合印发《关于做好选派机关优秀干部到村任第一书记工作的通知》,明确提出"从各级机关、企事业单位选派优秀年轻干部或后备干部到村任第一书记",使其在乡镇党委的领导和指导下,依靠村党组织,带领村"两委"成员开展帮扶工作,落实建强基层组织、推动精准扶贫、为民办事服务、提升治理水平的职责任务。从此,"第一书记"驻村帮扶得以制度化并自上而下全面深入推进实施。

"第一书记"任期一般为两年,该项驻村帮扶工作制度是干部下乡制度的延续,是党领导农村工作的光荣传统和成功经验,是"从群众中来、到群众中去"组织路线的现实体现。在"国家—社会"框架下,"第一书记"作为国家治理一端嵌入乡村,服务基层治理,助推乡村振兴与农业发展。

作品赏析:

强"四力" 出活力

在第二十七届江西新闻奖中,刊登在 2019 年 8 月 7 日《井冈山报》上的《"巩固脱贫成果之时,不可松劲当再助把力"——全市 163 名贫困村第一书记申请留任》获得消息类一等奖。该作品直面脱贫攻坚和党的建设两大时代主题,描绘了新时代党员干部扎根基层、服务基层,为乡村振兴助力加油的生动情景。报道刊出后引发多家央媒关注并获得省委主要领导批示,引发了强烈的社会反响。

嗅觉灵敏,构思巧妙。大量新闻实践表明,好新闻是"跑"出来的,脚不"踩空"头脑就不会"发空",优秀的作品普遍来源于灵敏的新闻嗅觉和细致的现场观察。新闻敏感性是优秀新闻工作者诸多素质与能力的综合体现,它要求新闻工作者要有敏锐的"眼力"以及快速感悟和反应的"脑力"。联想和拓展是观察发现新闻点的基本功,记者在田间地头采访的一次偶遇和闲聊,即关注到对方"任期已满,怎么还没走"这个反常现象,以点串线寻得"新闻点"。有了"新闻点"还需"新闻眼",作品以直接引语"巩固脱贫成果之时,不可松劲当再助把力"为引题,表现了第一书记们对脱贫攻坚工作的坚定执着,标题通过具体数据向读者传递 163 名任期结束的派驻干部"申请留任"这一客观事实,将感性、理性信息融为一体。在导语的构思上,文章从具体场景入手,以设置疑问为"卖点",激发读者阅读兴趣。与全要素导语相比,部分要素导语侧重选择能将引发读者兴趣的要素写进导语之中。该段导语"见人"(有名有姓,读起来真实可亲)、"见疑"(任期两年却时隔四年再次相逢),构思巧妙。主体叙事方面,作品层次清晰,将"个别"与"总体"进行合理穿插,既向读者展示了第一书记的工作业绩,又介绍了全市"党建+扶贫""三个全覆盖"等工作模式的制度设计与总体成效,令人鼓舞。

用事实说话,以情动人。新闻的本源是事实,用事实说话锤炼"笔力"是新闻工作的基本方法。作品全文用事实说话,既不拔高,又有分寸,如文中所写:"累计为贫困村争引各类资金 600 余万元,100 余户贫困户在他的帮助下实现脱贫致富""28 户贫困户完全掌握技术直接参与种养,户均增收 6000 元以上,蔬菜产业每年为村民增收 50 多万元""汴田村已完成所有自然村新农村建设、排灌站建设、水渠修复疏通、大棚蔬菜和肉牛产业基地建设、高标准农田建设、饮水工程、危房改造和村小提升工程等"。作品通过对一位位第一书记工作业绩的具体展示,向读者展现派驻者的出色能力和派驻制度的合理有效。深入基层不仅仅是记者的业务要求,同样也是党的群众路线要求。类似"党的建设""精准扶贫"之类的宏大题材,如不能从"特""精""优"等方面取得突破,就难以对读者产生吸引力,产生正面的传播效果。作品一段一个主题(或同一主题的新侧面),通过精心挑选直接引语使叙述更精彩。直接引语是表达报道对象性格、观点、情绪等特征的有效手段,引语不能简单地复述事实、定义或统计数据。文中对三位第一书记原话的引用紧扣"情感呈现"这一主题,将"真不舍得离开乡亲们""关键时刻哪舍得走""心已经在这里"等饱含情感的对白直接展现,用真心真情打动读者。在写作风格上,文字朴实、简练直白,"一留再留,一干就是三届""驻得住、扎得下、干得实""道路宽了,村庄亮了,民风好了,村民也富了",组合短语节奏明快、朗朗上口,增强了文章的易读性与可读性。

记者手记:

在脱贫攻坚战中,全国各地涌现了很多感天动地的先进人物和值得大写特写的鲜活故事。

2016年2月,习近平总书记视察江西,看望慰问吉安人民,在革命老区井冈山留下了"在扶贫的路上,不能落下一个贫困家庭,丢下一个贫困群众"①的殷殷嘱托。吉安人民踔厉奋发,勠力同心,发起向贫困宣战的总攻,脱贫成绩不断刷新:井冈山全国率先脱贫,将军县吉安县、永新县紧随其后,2019年省政府批复同意遂川退出绝对贫困。吉安市的贫困县全部脱贫摘帽,走在全国前列。这在全国扶贫开发史上也具有里程碑意义。

作为记者,这些显而易见的新闻自然是需要重磅关注的。记者也时常走村串户,采写了大量脱贫攻坚素材的稿件。但记者脑海中始终觉得这些显性的新闻事件多落入"一事一报""一人一报"的窠臼,宣传效果一般。记者一直在思考,如何在这些同质化的新闻中寻找到不同点,又从这些不同点中发现共性内涵,将这个隐性的共性内涵挖掘成更有价值的亮点新闻。记者在偶遇曾经的采访对象后找到了答案,从一个人的留任去了解全市到底有多少第一书记留任,"无中生有"。随后,记者与市委组织部联系,收集各地信息,从众多报表和材料中反复核实验证。当记者得知全市共有163名第一书记留任后,喜出望外,认为其价值非同小可。随后,记者再向市委组织部详细了解一些有代表性的人物,连续多日深入这些第一书记所在的贫困村采访,围绕展示留任第一书记"巩固脱贫成果之时,不愿松劲再助把力"的大局观念和大义本色,从数万字的采访记录中精心选择素材,匠心谋文,稿件提交后第一时间被编辑在重要版面强势刊用。

消息在《井冈山报》率先刊发后,在广大读者中产生强烈反响。163名第一书记勇于担当、甘于奉献的事迹,与习近平总书记讲到的"脱贫攻坚越到紧要关头,越要坚定必胜的信心,越要有一鼓作气的决心,尽锐出战、迎难而上"②高度一致。消息积极营造了引导全社会参与脱贫攻坚的良好氛围,具有较强的现实意义和示范作用,产生了良好的传播效果和社会效益。

这一新闻很快引起学习强国平台关注并被迅速推送。时任江西省委书记刘奇阅后批示,要求省委宣传部组织央媒、省媒深入挖掘吉安市驻贫困村第一

---

① 新华网. 习近平春节前夕赴江西看望慰问广大干部群众[EB/OL]. (2016 - 02 - 03) [2021 - 09 - 30]. http://www.xinhuanet.com//politics/2016 - 02/03/c_1117985511.htm.

② 新华网. 首到甘肃团,总书记对脱贫攻坚提了哪些新要求[EB/OL]. (2019 - 03 - 08) [2021 - 09 - 30]. http://www.xinhuanet.com/politics/2019 - 03/08/c_1124208500.htm.

书记心系农村自愿留任的感人事迹,加大脱贫攻坚主题的宣传力度。江西省委宣传部于2019年10月18日发文,组织近十家央媒和七家省媒赴江西省吉安市集中采访,这些媒体大多在重要版面和时段推出重磅报道,吉安脱贫故事一时在媒体里"霸屏""霸版"。特别是新华社播发通稿,并在《新华每日电讯》一版刊发长篇通讯强势关注,形成吉安脱贫攻坚工作新亮点。吉安市委同时要求本地媒体在"不忘初心、牢记使命"主题教育中以"我们的初心——留任第一书记的扶贫故事"为栏,集中系列报道,又形成主题教育宣传工作新亮点。

记者从这条新闻中感悟,要善于在"寻常沙粒中觅真金",敏锐地从隐藏于生活的事实中发掘新闻点。

(张建华)

案例四:《方敏军:第一书记的三连任》赏析

方敏军:第一书记的三连任①

主持人:江西省吉安市遂川县的村口村地处井冈山脚下、罗霄山脉中段,位置偏远、交通不便,曾经,超过三分之一的家庭是贫困户。2019年5月,第一书记方敏军完成了第二个任期后,又再次主动申请留任,以不获全胜绝不收兵的姿态开启了在村口村的第三个任期。

主持人:离开机关的工作岗位,抛下家中两个年幼的孩子,父亲离世都未能见上一面,已经驻村将近七年的方敏军图什么? 今天的《新春走基层——脱贫攻坚一线见闻》,请听报道:

【鸡鸣狗叫云淡风轻】

腊月二十三,雾气朦胧的村口村,被一缕缕炊烟唤醒。

【现场讨论声压混】与窗外闲适的风景形成鲜明对比的是一幢客家小楼里略显紧张的气氛,村里的脐橙基地第2期要扩大规模,涉及十多户村民的土地流转,方敏军把大家再次聚在胡路生家一起商量。

【方敏军:你把田拿出来了,你就可以优先到这里务工,80—100块钱一天,你做10天就有800—1000元钱,就可以买粮食吃,换种方式赚钱。】

地上一堆烟头,三个空烟盒。方敏军说得口干舌燥,又被二手烟呛得连连咳嗽,但胡路生就是不松口。

【村民胡路生:你做这个事是好的,其他的人的地不好说,我家的地我自己要用,那流转了给你,我怎么办?】

转眼已经是上午十点,见口头劝说效果不好,给工作许诺又像空头支票,方敏军提议,大家一起再去脐橙基地转转。保鲜晚熟的脐橙,零星挂在树上。方敏军一路上向记者吐苦水:【有两户、三户甚至一户反对,你这边就成片搞不成了。他要种地,他要水啊,你挖掉他的水渠,他肯定不干了,所以要做工作。我们天天在村小组这一块跟群众沟通,开会、上门去说,做解释,做宣传。】

---

① 吉安广播电视台,遂川县融媒体中心.方敏军:第一书记的三连任.郭婷,肖红海,汪慧,等,编辑.中央广播电视总台中国之声《新闻纵横》,2020–01–27.

正在基地给果树追施底肥的村民陈年女告诉记者,去年脐橙刚挂果时,销售合同就签好了。【跟着方书记有技术(支持),明年肯定要多种呀,他就像我们的一家之主。】

同村老表的丰收,让胡路生有点儿羡慕。方敏军说,准备再吸收一些村民以土地入股,【我非常开心,说实在话,给村里带进了一个绿色银行,家门口就可以找到工作,可以赚钱。】

脐橙基地这个还有待扩张的绿色银行,让方敏军放不下村口村;那个正在建设的矿泉水厂,也让他时时牵挂。

【赶路声音压混】担心水源地被污染,午饭后,方敏军和工作队又走了一个多小时的山路。

【泉水声压混】【方敏军:我们回去还是要和群众多宣传一下,牌子也设置这里,从这里过就不能放羊放牛了,也不能砍伐树木了。】

原先村里地下水水质不好,枯水期还经常断水。方敏军带领扶贫工作队员和村干部蹚着连绵数百米齐人深的茅草,血道道布满手臂和小腿,终于发现了这处泉水。经机构检测,水质优良,不仅解决了村民的喝水问题,还能变现。矿泉水厂设计产能为每小时600桶,今年(2020年)3月份投产,村集体每年预计至少有20万块左右分红。

【水厂建设施工音响】【方敏军:我催你们杨总,我催了几次,抓紧时间,年前一定要帮我把这个厂房盖好,(压混)因为你这里搞好后,我们接着马上设备采购就进来了,就进场了。】

腊月二十八,方敏军回家之前再次来到矿泉水厂,马上就要封顶了,还有些事情要现场落实。【水厂建设现场办公音响】【方敏军:这个水厂设备的招投标采购提上议程来了,表格已经列得很清楚了,价格大家都看了一下,应该没什么异议了。我们尽量节俭办事,尽量把这个价格往下压,把招投标程序完善,尽快把这个事完成。】

一汪泉水不仅流进了村民的家中,更流进了村民的心里。他们用实际行动,表达对方敏军的热爱。【开会要求方敏军留任现场】驻村的贡献是很大的,村民要求他留下来,【继续留任在我们村口村,大家鼓掌。(掌声)】

这段视频,录制时间是2019年5月30号。村口村支部书记胡桂生提议以请愿书的形式留下方敏军。村民们在请愿书上写道:"村委会决议,扶贫第一书记方敏军同志,工作兢兢业业,工作卓越,大家希望他继续留任,带领大家脱贫致富奔小康。"党员和村民代表,按下了 15 个鲜红的手印。方敏军很意外,也很感动。

方敏军:越做事越多,因为群众对你越来越信任;越做越害怕,因为各种责任,也怕自己完成不了这个任务。

2013 年 3 月,方敏军被江西省吉安市公安局交警支队派到遂川县清秀村任驻村工作队员,两年后,转任第一书记;2016 年开始,他到村口村任第一书记。任期届满时,村里还没有脱贫,他主动留任。其间,他张罗着修好了村里的路、水、电、照明等基础建设,建立村级果业合作社和小龙虾养殖合作社。第二个任期没满,村口村脱贫了。六年多驻村,儿子从小学生变成了一个身高 1.82 米的初中生,妻子生下第二个孩子,父亲离世,他没能见上最后一面。再次留任,他怎么面对妻子和孩子?

【方敏军:我当时真的是,就是回去跟她讲,我说这个工作干到这个份儿上,我这个村里面呢,一个是水厂,包括我们村的路,我确实答应他们了,工作没有完成。我就跟我老婆说,现在还真不能离开,我希望她支持一下。

记者:她第一反应是什么?

方敏军:她当时的第一反应,啥话都没说,就看着我,非常疑惑地看着我问:你还要继续干,单位没有人了吗? 呃,你不是干一年两年、一届两届,现在是第三届,到底有什么割舍不下的呢? 有什么事比家里的事情还重要吗?】

【方敏军妻子顾小群:那天回来,我骂他,批评他,他不愿意回。昨天十一点多回来,我说你就别回来了,就在村里过年。

记者:他说一定要赶回来。

顾小群:我早上七点多带孩子带到晚上。那天点外卖,我家儿子说,可以他自己来点!】

来回一次需要近五个小时,有时一个月都回不了家,方敏军的妻子顾小群说,他每次回来就是做客。【顾小群:他做第一书记这份工作,作为家属我是非常非常不愿意接受的。但是每一次看到他为村里修路建学校,我又想到我不能拖他的后腿,不能让他有更多的负担和心理压力,总是说你早点去,路上小心一点注意安全。】

【在家看春节联欢晚会的现场音响】今年除夕夜,方敏军没有在村里,他说,今年要和家里人一起安安心心过个年,好好陪着妻子和孩子。

【新年快乐,干杯,祝福!】【方敏军照顾逗弄孩子的音响】

推荐理由:

在163位留任的第一书记里,遂川县村口村第一书记方敏军已经是第二次留任,开启第三个驻村扶贫历程。而方敏军则是全国290多万第一书记中的普通一员,他们身后是第一书记这个群体。无论是倒在工作路上的黄文秀,还是没能亲自迎接第二个宝宝、没能陪伴父亲最后一程的方敏军,第一书记们用自己优秀的工作和出色的业绩,诠释了"脱贫攻坚,不获全胜,绝不收兵"的信心和决心,他们是共产党人行胜于言的代表。

作为一件广播专题,记者通过实地采访录制了大量的现场音响,通过现场原音再现、压混等技术手段,展示了第一书记奔波的过程、扶贫的艰辛,声音元素丰富多样,可听性很强。也正是因为从一名普通第一书记的"小人物"视角切入,展现了中国磅礴的脱贫攻坚事业,才使得这样一个普通人物专题获得了江西新闻奖一等奖,也是当年全省唯一的一件由县级融媒体中心送评的一等奖作品。

背景介绍:

2019年10月18日,江西省委宣传部相关部门下发了《关于做好吉安市百余名驻贫困村"第一书记"心系农村自愿留任感人事迹宣传报道的通知》,随后省委宣传部组织中央、省、市联合采访团深入吉安开展集中采访活动。这篇报道即为其中的代表作品。

作品赏析:

平凡人的不凡　小切口大能量

第一书记的可敬可爱不在他们本身的不平凡,而在他们投入中华民族"两个一百年"的伟大奋斗当中,用平凡的工作积累创造了非凡的伟大。平凡的琐事、真实的工作记录本身就能让人感动。留任是一个看似"个人"的决定,但这个决定背后的温度来源于两个方面——百姓的不舍和信念的坚持。第一书记们之所以令人感动是因为我们看到了包括留任在内这些平凡的行为,这里面包含着一种无私和无我。"为天地立心,为生民立命,为万世开太平",这是中华优秀传统文化中利济苍生的责任意识与担当精神的集中体现。千百年来,这一文化基因促成了无数中华儿女肩挑大义、报国为民的价值追求,也滋养了诞生于中华大地的中国共产党人敢于担当、勇于尽责的政治品格。第一书记们将个人的无私融入脱贫攻坚这场历史洪流之中,将个人的一个"简单选择"与国家、民族的前途命运紧紧联系到了一起,得到升华的不仅仅是第一书记们,更是共产主义的远大理想所展现出来敢于担当、勇于尽责的政治品格。

强烈的责任意识和担当精神是中华文明的文化基因,也是马克思主义的精神特质,这种意识与精神又高度浓缩到了留任这一具体的意象当中。一代人有一代人的责任,一代人有一代人的担当。党的十八大以来,以习近平同志为核心的党中央胸怀中华民族伟大复兴的战略全局和世界百年未有之大变局,2020年是全面建成小康社会目标实现之年,是全面打赢脱贫攻坚战收官之年。新闻媒体讲好脱贫攻坚的中国故事,传播脱贫攻坚的中国声音,首先就体现在践行"四力"要求:在增强脚力过程中深入贫困地区和贫困群众,看真贫、识真贫;增强眼力、慧眼识珠,发现亮点和典型;发挥脑力作用,想深、想远、新立意、巧构思;增强笔力,妙笔生花讲好故事,精彩呈现,采写、播发一篇篇有思想、有温度、有品质的扶贫新闻报道,为中国打赢脱贫攻坚战凝聚强大舆论力量、营造良好舆论氛围。

记者手记:

新思新悟真情感　用心用情扶贫路

抓好脱贫攻坚战这一重大主题采访报道,题材很关键。能否紧扣中央的工作重心,很关键。写什么(题材内容)比怎么写(形式技巧)更重要。好故事意味着好的叙事题材,好题材需要机遇。脱贫攻坚中的第一书记是"两头"都关注、关心的话题。所谓"两头",就是"上头"——习近平总书记和党中央,和"下头"——基层百姓。这篇作品反映的是脱贫攻坚中扶贫干部的代表——第一书记,这可是习近平总书记一直牵挂的人。从选题来说,该报道站位高,从大处着眼、小处着手,见微知著,以点带面。扶贫第一书记就是"两头"都关注关心的特殊群体,他们肩负重托,不忘初心、牢记使命,扎根乡土,夜以继日奋战在扶贫一线,百姓对他们最依恋,组织上对他们最信任。他们为改变贫困山区面貌做出了突出贡献,他们无愧于脱贫攻坚战场的"急先锋",是扶贫道路上"最可爱的人"。

在脱贫攻坚战中,有一群人从没有什么"朝九晚五",而是"白加黑""五加二",最记挂的就是还有多少贫困户没摘帽。一周的深入采访,行程300多公里,在吉安,记者碰到不少这样的第一书记,他们有的因为工作"三过家门而不入",有的一顿饭刚动筷子又放下跑去村里处理急事,有的因为忙得没空顾家而差点离婚,有的放弃了城里的舒适工作留在山沟沟……写好脱贫攻坚报道,要善于从"一粒沙里见世界,半瓣花上说人情"——以小见大。脱贫攻坚是重大题材,新闻报道不能面面俱到,而是要从大处着眼、小处着手,以小见大、一叶知秋,以小切口反映大主题,以小人物表现大情怀,以小故事展现大时代。方敏军就是我们在采访了41位留任第一书记后持续追踪的代表。方敏军所在的村口村,位于江西省吉安市最南端的遂川县,也在井冈山脚下、罗霄山脉中段,这里水质清澈,喝起来甘甜醇美。这些年记者去过村口村许多次,每一次都能在方敏军的身上、村里的变化间找到新的感动。如今,他念念不忘的水厂挂牌了,同行参与采访的中央广播电视总台中国之声记者得知这个消息后写下了《第一书记方敏军操办的流水银行挂牌了》。8个月,不知道他又费了多少心思!当时的矿泉水厂设计产能为每小时600桶,村集体每年预计至少有20万元的分红。但最后矿泉水厂会不会如预期的那般给村民们带来源源不断的财富呢?尚不可知,有待时间的检验。

每一次采访的过程,就是一次拜人民为师、向人民学习、被人民感动的过程。战斗在脱贫攻坚战一线的干部群众,赋予了新闻最大的灵感与最深的内涵,赋予了《方敏军:第一书记的三连任》初心与动力。这是我们为脱贫攻坚战献上的诚意之作,将我们在脱贫攻坚第一线的见闻传递给大家,让第一书记们的精神和力量传播得更远、影响得更深。我们也期待着,能再去回访一次继续做好脱贫攻坚"后半篇"文章的方敏军书记,同他和村民们再聊一聊这些年的变化和收获。

(郭 婷 王重锴)

思考题:

1.结合本专题的案例分析,思考:党建工作可以从哪些角度进行报道,如何增强这类题材的吸引力和感染力?

2.在报道党员中先进典型时应如何把握个体与组织之间的关系?

3.思考和尝试从显性的新闻事件中找到隐性的、更有价值的新闻点,并扣准这一新闻点采写出角度独特的新闻作品。

(本章组稿、撰稿:张建华 郭 欢)

第四章　生　态　篇

既要绿水青山，也要金山银山，绿水青山就是金山银山。生态文明建设是关系人民福祉、关系民族未来的大计。党的十八大以来，以习近平同志为核心的党中央以高度的历史使命感和责任担当，直面生态环境的严峻形势，高度重视社会主义生态文明建设，坚持绿色发展，把生态文明建设融入经济建设、政治建设、文化建设、社会建设各方面和全过程，加大生态环境保护力度，推动生态文明建设在重点突破中实现整体推进。

生态环境宣传和舆论引导工作是一项十分光荣、极端重要、专业性很强的政治性工作，是推进生态环境领域治理体系和治理能力现代化的重要组成部分，其本质是群众思想工作和社会动员工作。新闻工作者应深刻认识到做好生态环境宣传和舆论引导工作的重要性，善于创新生态环境宣传工作的方式方法。

通过广泛的新闻舆论宣传，让全社会形成共同建设美丽中国的全民行动观，推动形成简约适度、绿色低碳、文明健康的生活方式和消费模式，形成全社会共同参与的良好风尚。

本章选取的新闻代表作品从大局着眼，从细节入手，主动设置议题，用典型引路，正确对待舆情，有新颖表达。本章剖析了在新时代语境下，新闻从业者应如何牢牢把握新闻宣传的话语权和主导权，唱响生态文明建设主旋律，打好生态环境舆论主动仗。

案例一:《仙岛湖有游艇在湖面排污》赏析

仙岛湖有游艇在湖面排污①

阳新仙岛湖素有"美如诗画,妙胜仙境"之美誉。

这里山湖辉映、岛屿密布、水质清澈,风光迷人,既是湖北省区域中知名的风景名胜旅游度假区,也是黄石范围内最为重要的水源地。

然而,就在这万顷湖水晶莹别透的仙岛湖中,还有人偷排乱放。

近日,来自武汉、成都等地的多名游客拍摄视频资料,痛心举报:仙岛湖上有游艇在湖面排污,让人触目惊心。

油水混合物直排仙岛湖

游客"燕子",来自成都,是一名旅游达人。

从2016年起,"燕子"爱上了仙岛湖。几乎每年,她都会不定期来到这里,住上一段时间,她说这里"山山翠绿,峰峰青黛,湖水荡漾,静谧怡人,不比泸沽湖差"。

4月18日,一件小事,却让她如鲠在喉,有着说不出的别扭。

当天下午,她在住宿的民宿附近,沿着湖边游玩、遛狗。两艘游艇出现在了一个偏僻的港湾中,游艇马达声不绝于耳,湖面泛起阵阵水花,油光刺目。

"它们并排着,在向湖面排放油水混合物。"她说,这让她感觉很痛心。

"燕子"质问他们:"你们自己也住在这附近,就这样向湖面排放啊?"

有艘游艇上的人,指责"燕子"多管闲事;另外一艘则迅速驶离了现场。"燕子"注意到,其中一艘排污的游艇,标注有"仙岛湖文旅115"字样。

武汉游客小贾、小王是影视编导专业的大学生。

当天,他们正好在仙岛湖拍摄专题片,恰逢游艇排污。他们记录了排污过程,并通过无人机在另外一处港湾同样拍摄到游艇排污画面。

一段视频显示:一艘游艇和一条木舟停放在一处偏僻的港湾中,一大片油花以游艇为中心,向四周扩散。从空中看,油花覆盖的湖面呈现出另外一种色

① 石教灯,陈子才,陆文博,等.仙岛湖有游艇在湖面排污[N].高国专,赵志宏,编辑.东楚晚报,2019 - 04 - 25(05).

调,和清澈的仙岛湖湖面形成鲜明的反差。

排放已持续多日

公开信息显示,自 2017 年 10 月 11 日,仙岛湖风景区痛失国家 AAAA 级风景区这块金字招牌后,景区的形象一落千丈,多年来积攒的口碑和人脉严重受损。截至目前,景区仍在进行纠偏、提档、升级等相关工作。

王英镇曾对外多次表示:牌子丢了,就必须直面痛点,主动出击,以创"5A"的标准完成"4A"的复牌,不达目标绝不收兵。

根据游客举报,4 月 19 日,《东楚晚报》记者在阳新仙岛湖景区进行了暗访。

由于 18 日晚下过雨的缘故,游客举报的排污港湾内,湖面上并没有发现大量油花。但在岸边,湖水与一片菜地的交界处,水面依稀泛着油光,不少作物的茎部变成了黑色。另据记者现场走访得知,此次游艇偷排不是孤例,排放已持续多日。

老文在仙岛湖附近经营一家民宿。他介绍,近半个月来,只要天气晴朗,就会有游艇驶入偏僻港湾,排放油水混合物。其中,排放的高峰期多为周末等游客集中阶段,时间以中午、傍晚为主。

"最多的时候,我曾看到有 8 艘游艇并列在一起,湖面上都是油花。"他说。

4 月 21 日下午 4 时 37 分,老文又给《东楚晚报》记者提供了一段直播视频,画面内容依然是有游艇在湖边排放油水混合物。

"我觉得他们这种行为真不应该。"老文告诉《东楚晚报》记者,游艇方的作为,从某些方面来说,违背了相关政策。

游客小贾说:"在仙岛湖这么美的地方,看到有游艇直接排放油污,感觉大打折扣,我个人认为,这种行为破坏了仙岛湖的生态。"

损害的岂止是景区形象

近年来,阳新在仙岛湖管理和运营方面动作频频,景区复牌整改也迈出了重要一步。去年冬天,景区经过全新打造,推出网红景点"天空之城",备受游客好评。

与此同时,当地居民、游客对阳新仙岛湖的生态保护、旅游开发,关注度空前。

在湖面直接排放油水混合物,不少游客直呼不能理解。

"仙岛湖还是黄石范围内最重要的水源地,是大冶的主供水源、黄石城区的应急水源。"老文直言,从小的方面说,在仙岛湖直接排放油水混合物,损害了景区形象;往大的方面讲,这一行为还直接损害了两百多万黄石人的感情。

不仅如此,仙岛湖风景区还充当着阳新县旅游企业领军者的角色,承载着黄石对外宣传窗口的功用。

"就像'燕子'这些游客,每年都要来仙岛湖游玩很多次。乱排现象难道不会影响她对黄石旅游的看法吗?"老文呼吁,相关部门应尽早采取措施,整治不规范排放行为。

推荐理由:

本篇文字调查性报道荣获第三十七届湖北省新闻奖二等奖。当时有多家媒体获悉该线索,《东楚晚报》是唯一派出记者赴当地开展调查报道,并坚持到最后的媒体。首篇报道见报后,引发社会广泛关注。黄石市委市政府高度重视,市环保部门、交通管理部门、海事部门联合成立调查组赴当地调查,督促整改。

调查过程中,景区对媒体报道想不通,认为在经济发展与环保之间,本地媒体应"手下留情",支持前者。正因为景区经营方这种错误的发展观,《东楚晚报》坚持将舆论监督开展到底。良好生态环境是最普惠的民生福祉,仙岛湖水关系到200多万名人民群众的饮水安全,关系到长江大保护。

对地市级党媒而言,只有提升话语表达、发出声音,才能更好地为党委政府和社会公众主张利益。事实表明,一些矛盾冲突事件的背后,大多是因受众利益表达机制不健全导致的。因此,地市级党媒只有及时回应民众舆论关切,缓解受众的信息饥渴,及时、迅速为公众提供真实、准确、权威的新闻报道,才能担当"社会雷达"的责任,发挥好舆论的"定海神针"作用。该系列报道有力推动整改工作,相关人员及船只责任人受到开除处理;环保部门对污染水体进行生态修复;交通部门责成当地将燃油游艇更换为新能源游艇,当地老百姓对此拍手称快。实践证明,建设性舆论监督非但不是"无事生非",反而是解决一些老大难问题的"助推器",更是干群之间的"连心桥",曝光百姓关切的问题并督促解决,同样也是正能量。

背景介绍：

位于黄石市阳新县的仙岛湖（王英水库）是一级饮用水源保护地，经长江南岸一级支流富河汇入长江，素有"美如诗画，妙胜仙境"之誉。

近年来，由于旅游业的兴起，水体日渐脆弱，局部水质向Ⅲ类恶化。2017 年10 月，因服务设施、旅游厕所、经营管理等方面问题，景区被当时的湖北省旅游发展委员会摘牌。

2019 年 4 月初，景区准备复牌，其下属 80 多条游艇需更换机油并检修，被游客发现有多艘游艇在湖上偷排油污，遂在网上公开举报。记者赶赴当地，蹲守调查，形成报道，持续跟踪，聚焦污染事件并披露燃油游艇对水体的危害，督促景区及当地政府积极整改，对受污染的湖水进行生态修复。

作品赏析：

文本层层递进　暗访文章构思巧

"这里山湖辉映、岛屿密布、水质清澈，风光迷人，既是湖北省区域中知名的风景名胜旅游度假区，也是黄石范围内最为重要的水源地。"导语部分首先介绍仙岛湖的美景以及该湖是黄石范围内最为重要的水源地，凸显仙岛湖的重要性。然后，画风一转，记者接到"痛心举报：仙岛湖上有游艇在湖面排污，让人触目惊心"，直接点出本文主题，开门见山。

文章结构清晰，从游客举报"油水混合物直排仙岛湖"到记者暗访"排放已持续多日"，再到借他人之言起具有评论性的标题——"损害的岂止是景区形象"，层层递进。

文本语言简练，全文皆用短句，有助于阅读，多处使用直接引语，是监督性报道的常用技巧。如："'它们并排着，在向湖面排放油水混合物。'她说，这让她感觉很痛心""'最多的时候，我曾看到有 8 艘游艇并列在一起，湖面上都是油花。'他说。"

记者手记：

舆论监督也是主流声音

2019 年"五一"前夕，我们接到投诉，对阳新仙岛湖风景区有游艇在湖面排污事件进行暗访调查,形成公开报道。

报道刊发后,引发广泛关注,我们也遭到了当地一些人的诘问。

好多细节来不及一一记录成篇。

现在想来,不是我们多么刻意要寻找新闻和要针对地方政府进行舆论监督,而是环保问题确实沉甸甸,它关乎着发展观念的转变,关乎着"长江大保护"战略落到实处,也关乎着人民群众的环境权益。

接到举报

游艇排污过程让人触目惊心

黄石人一直对阳新县王英镇仙岛湖有着深厚的情感。

一方面,这片 4.6 万亩的水面上镶嵌着 1002 个大小岛屿,野趣横生,碧波万顷,是远近闻名的风景名胜旅游度假区;另一方面,这里自然环境优越,万顷湖水晶莹剔透,常年透明度在 7 米以上,部分水域可达 10 米,属国家一级水质,是黄石范围内最为重要的水源地。

2016 和 2017 年,湖北省旅游委针对全省旅游景区进行"全面体检"和深度扫描。"体检"过后,黄石阳新仙岛湖风景区因存在服务质量、旅游厕所、公共基础设施、环境卫生等问题,被取消国家 AAAA 级旅游景区等级,限期整改。

高等级景区被摘牌,摘掉的不仅是对景区品质的肯定,也摘掉了一个地方的旅游名片。当地群众深感惋惜,地方政府痛定思痛,围绕生态保护和旅游开发进行整改,展开了一系列旅游景区等级复牌工作。

对此,报社也积极发挥媒体职能,不吝版面,多次宣传仙岛湖的优质资源,报道仙岛湖的"美"与"好",唱响了在保护好仙岛湖一碗好水的同时擦亮地方旅游品牌的主旋律。

可就在 2019 年 4 月底,国家 AAAA 级旅游景区景观质量评审检查前夕,我们收到群众举报:"记者同志,我向你们举报,仙岛湖上有游艇在湖面排污,让人触目惊心。"

举报者同步发来了大量的图片、视频资料,直观显示了游艇排污的过程,显示出仙岛湖大片湖面被油花覆盖的场景。

接到举报后,报社领导高度重视。从短期利益看,景区等级评审检查在即,环境问题将直接关系到仙岛湖风景区能否顺利复牌;从长远利益说,水体污染特别是饮用水源地的水体污染,直接影响到 280 万黄石人民的切身利益。

报社迅速安排我们:跟进调查,进行实地暗访。

暗访调查

报道引发广泛关注

2016年1月,习近平总书记在重庆召开推动长江经济带发展座谈会并发表重要讲话,全面深刻阐述了长江经济带发展战略的重大意义、推进思路和重点任务。

此后,习近平总书记又多次发表重要讲话,强调推动长江经济带发展必须走生态优先、绿色发展之路,涉及长江的一切经济活动都要以不破坏生态环境为前提,共抓大保护、不搞大开发,共同努力把长江经济带建成生态更优美、交通更顺畅、经济更协调、市场更统一、机制更科学的黄金经济带。

仙岛湖游艇在湖面排污事件发生在"长江大保护"战略实施之后,影响重大。为了明确举报者反映的情况是否属实、造成的水体污染范围有多大等问题,我们组成了暗访调查组,从两个方面展开暗访。

一方面,记者自驾车前往阳新仙岛湖风景区,走访举报者和周边群众,进一步摸清游艇排污的规模、位置、方式、持续时间等。记者还根据举报者、周边群众的指引,找到相关区域,进行实地探访,蹲点拍摄。

另一方面,记者通过多种渠道收集阳新仙岛湖风景区的运营管理、环境保护等方面信息,并对仙岛湖风景区的运营管理公司进行了侧面摸查。

仙岛湖游艇在湖面排污事件的经过逐渐清晰:仙岛湖风景区内共有游艇60多艘,均为柴油动力;当年"五一"小长假来临前,景区运营公司在湖面进行游艇检修,导致油污直接排入仙岛湖。

确定信息准确无误后,我们很快形成公开报道《仙岛湖有游艇在湖面排污》。报道引发广泛关注,市委、市政府主要领导批示要求彻查整改,市、县两级环保、交通、公安等部门组成的调查组迅速赶赴仙岛湖展开调查,并对相关人员、船只进行了处理,全面进行整改,将更新电动船列入督办事项。

报道启示

舆论监督也是主流声音

从接到投诉到调查,再到公开报道,其实我们内心也是五味杂陈。毕竟,我们面对的是黄石最珍贵的一处水资源。

问题确实让人担忧,但更让人感到忧心的却是当地个别人员对事件的认识。"你们进行舆论监督,影响的是仙岛湖风景区的形象和周边居民的经济收入。""一点小事,值得小题大做吗?""你们作为主流媒体,应该传播主流声音!"报道见报后,当地有人如此诘问。

影响景区形象的到底是报道还是排污的做法?答案显而易见。

实际上,恰恰因为此事件爆发后,当地政府及时进行了全面整改,仙岛湖风景区在国家 AAAA 级旅游景区景观质量评审检查中,各项指标达标,如期复牌。

我们同时还在思考:这到底是不是一件小事?舆论监督到底是不是主流声音?

没有一处污染是天生的。

从纯净到污染,从来都是一个渐进的过程,积少成多,聚沙成塔。

《韩非子·喻老》中说:千丈之堤,以蝼蚁之穴溃;百尺之室,以突隙之烟焚。很长的堤坝,因为小小的蚂蚁的啃噬,最后也会被摧毁。很高的房屋,可能因为忽视了细小缝隙中冒出的青烟,而焚烧殆尽。水质污染往往从"小事"开始,最终积重难返。无数惨痛的教训告诉我们,忽视小的错误,就可能酿成大错。

从眼前利益与长远利益的角度来说,环保问题无小事,生态没有替代品,用之不觉,失之难存。作为黄石水源地之一,仙岛湖生态问题关系到无数百姓利益,保护仙岛湖,对污染问题零容忍才是正确选择。

2019 年 8 月,我们再次回访阳新仙岛湖风景区时惊喜地发现,在当地政府的精心呵护下,仙岛湖风景区呈现出环境优、景色美、水质佳的美好面貌,我们在《黄石日报》系列全媒体作品《大观黄石 岁月如歌》中,再次大力推介阳新仙岛湖风景区,将其独特的风光和人文推介给更多的读者。

此时,曾经质疑我们是否应该对此进行舆论监督的声音不见了。或许,他们也在之后的工作中,切实地感受到,在即将跑偏之时,有人提醒一把,也是一件值得欣慰的事。

(石教灯)

案例二:《昨日,长江嘉鱼段最后一条渔船上岸了》赏析

昨日,长江嘉鱼段最后一条渔船上岸了①
当地渔民从此告别长江捕鱼为生历史

昨日下午,在长江嘉鱼段,嘉鱼帮净劳务公司的工人们将最后一条渔船从江边起吊上岸。

"全县324条持证渔船至此全部回收完毕,将进行集中拆解处理。"现场指挥作业的嘉鱼县农业农村局副局长石六华说,这标志着嘉鱼长江全面禁捕迈出了关键一步,全县324户渔民从此告别长江捕鱼为生的历史。

嘉鱼临江而立,全县109.6公里长江岸线中,87公里江段位于白鳍(暨)豚国家保护区内。去年初开始,嘉鱼正式实施长江全面禁捕。

该县组建禁捕工作专班,逐个江段摸排,逐条渔船登记,逐户渔民安置,引导渔民上岸转产。

"我们过去向长江索取的太多了,是时候为子孙留下点什么了。"簰洲湾镇渔民蔡光罗一家四代以打鱼为生,对长江渔业资源的日益枯竭看在眼里急在心里。他说,上岸转产,是保护长江生态的迫切需要,也是渔民们的心愿。

蔡光罗率先签下补偿合同,将陪伴自家100多年的渔船上交政府,并与一同上岸的郑厚利、陈大波等几位渔民搭伙买下一条货轮,跑起了货物运输。

鱼岳镇渔民蔡光恒,有着20多年的长江捕鱼经历。2017年8月,嘉鱼成立江豚保护协会,蔡光恒主动报了名,成为52名渔民志愿者之一。宣传护鱼知识、拆除地笼网、组织增殖放流……在嘉鱼保护长江的各项志愿活动中,经常能看到他忙碌的身影。

"一直想着要为长江做点事"的蔡光恒,如今已是中国生物多样性保护与绿色发展基金会志愿者、嘉鱼县江豚保护协会副会长,实现了从"捕鱼者"到"护鱼者"的身份转变。他还在中鑫汇水上服务公司找了一份新工作,从事江面油污清理、垃圾回收,成功实现再就业,每个月能有4000元左右的收入。

---

① 姜明助,谭昌强,江开群,等.昨日,长江嘉鱼段最后一条渔船上岸了[N].杜先龙,张大乐,江世栋,编辑.咸宁日报,2019-10-22(01).

"禁捕补偿与转产培训同步启动,通过职业培训、公益岗位等途径,解决好渔民上岸后的出路问题。"石六华介绍,全县已利用中央财政补助资金1476万元,县财政配套资金400余万元推动禁捕工作。目前,已有152名渔民报名参加转产就业培训。

簰洲湾镇复阳村渔民蔡光勇,初中毕业后就跟随大人出江捕鱼。禁捕实施后,蔡光勇结合自己行船经验丰富、熟悉航道的优势,报名参加船舶驾驶培训。

"已经和咸宁海事处达成了就业意向,通过培训考试拿到船员证后,就可以去那里上班了。"对未来的生活,蔡光勇充满期待。

推荐理由:

2019年10月21日,嘉鱼县长江禁捕工作迎来标志性时刻——最后一艘渔船被起吊上岸。记者敏锐地捕捉到这一新闻点,深入现场采访渔民和有关部门,从禁捕背景、实施路径、渔民反应和转型发展等角度,采取现场+背景穿插介绍的方式,生动展现嘉鱼"共抓大保护,不搞大开发"的具体实践。本文见报后,被荆楚网、搜狐网等多家媒体转载或引用,也被评为报社月度总编辑奖。嘉鱼县委县政府认为本文及时、全面、准确反映了地方党委政府在落实党中央决策部署、省委省政府工作要求和市委市政府工作安排上的具体行动和责任担当。当地渔民也致电报社和记者,感谢媒体对他们这一特殊群体承受"阵痛"、积极转型发展的肯定和关注。

政策解读:

2017年,中央一号文件提出"率先在长江流域水生生物保护区实现全面禁捕"。2017年10月,嘉鱼也下发了《嘉鱼县长江流域水生生物保护区全面禁捕工作方案的通知》,率先在长江新螺段白鱀豚国家级自然保护区推进常年全面禁捕,逐步推动长江嘉鱼段常年禁捕。

2018年,中央一号文件提出"科学划定江河湖海限捕、禁捕区域""建立长江流域重点水域禁捕补偿制度"。2019年,农业农村部、财政部、人力资源和社会保障部会同有关部门研究制定了《长江流域重点水域禁捕和建立补偿制度实施方案》,对各项保护政策措施提出了明确的工作任务和目标要求。

根据2019年通知要求,2019年10月8日,嘉鱼县结合实际,印发了《关于长江新螺段白鱀豚国家级自然保护区嘉鱼段渔民退捕安置补偿实施办法》,对在册渔船的补偿,以第三方评估结果为准;渔具按照每船3000元标准执行,捕捞权证收回补偿按每船1.2万元兑现;渔民过渡性生活补助,按每船每月600元标准落实。

2019年,嘉鱼县出台《长江新螺段白鱀豚国家级自然保护区嘉鱼段渔民退捕实施方案》,推进渔民退捕上岸工作,其中嘉鱼县成立以县委书记任组长、县长任第一副组长的嘉鱼县长江流域禁捕工作领导小组,下设"一办七组",推进禁捕工作。

作品赏析:

重大议题小切口　传递心声有温度

在第三十七届湖北新闻奖中,刊登在2019年10月22日《咸宁日报》上的《昨日,嘉鱼长江段最后一条渔船上岸了》获得消息类二等奖。该报道直面长江流域重点水域禁捕这一主题,围绕嘉鱼县长江段禁捕工作迈出重要一步,全县324户渔民从此告别捕鱼为生的历史这一事实展开报道。报道刊出后引发多家媒体进行转载,并获得相关部门和渔民的一致好评。

以人为本,传递渔民心声。环境新闻报道针对某一地区的生态问题进行报道,一方面深化国民对生态文明建设的了解,形成全民监督的氛围,另一方面促进生态问题的解决和改善,甚至推动法治建设。但是需要注意,环境新闻报道的本质归根到底是人,应当在对生态环境变化进行解读的同时,体现出报道的人文关怀。

不同于简单表现嘉鱼县长江禁捕工作完成这一事实,该报道允许事件相关的多方进行发言,尤其是释放出世代以捕鱼为生的渔民发言。记者采访到一家四代打鱼为生的簰洲湾镇渔民蔡光罗、有着20多年长江捕鱼经历的鱼岳镇渔民蔡光恒和初中毕业后就跟随大人出江捕鱼的簰洲湾镇复阳村渔民蔡光勇,该报道中详细采访了这些渔民并进行深度策划,以此增强传播效果,聚焦社会关注。一滴水也能折射太阳的光辉,新闻记者要抓住某一个契机。以该报道为例,记者以"最后一条渔船上岸了"为抓手,深入现场采访渔民、部门,再结合禁捕背景、实施路径、渔民的转型发展等,生动展现嘉鱼县落实《嘉鱼县长江流域水生生物保护区全面禁捕工作方案的通知》《长江流域重点水域禁捕和建立补偿制度实施方案》等工作的行动成效。

记者手记：

上接天线　下接地气　冒着热气
从长江嘉鱼段最后一条渔船上岸说开去

《昨日，长江嘉鱼段最后一条渔船上岸　全县 324 户渔民告别长江捕鱼为生历史》被评为报社月度总编辑奖，也上了学习强国，并被省内外等多家媒体转发。该报道的成功之处在于体现了"上接天线　下接地气　冒着热气"这一特性，通过小切口小角度，反映大的时代命题和要求。

上接天线，主要体现在立意上。"共抓大保护、不搞大开发"①，是习近平总书记关于长江经济带建设做出的重要指示。实施长江全面禁捕，是省委省政府提出的具体要求。将所有渔船回收处理，引导渔民上岸绿色发展，就是嘉鱼县落实习近平总书记"长江大保护"指示精神、落实我省长江全面禁捕要求的具体实践，也是这则消息"接上了天线"的直接体现。

下接地气，主要体现在消息内容上。咸宁全市有长江岸线 119 公里，嘉鱼县就占了 109.6 公里，其中 87 公里江段位于白鱀豚国家级自然保护区内。所以，咸宁落实"长江大保护"，嘉鱼走在前列。咸宁怎么抓"大保护"？就要到嘉鱼去找落点。嘉鱼怎么抓"大保护"？就要到长江上、长江岸边去找落点。嘉鱼县的做法是：由政府掏腰包对全县 324 条持证渔船全部回收，进行集中拆解处理，并组织就业培训、产业帮扶等措施，引导渔民上岸转产，实现长江全面禁捕，恢复长江水生态环境。所以这则消息让"共抓大保护"这一时代命题，在嘉鱼实施长江禁捕上找到了具体落点，接上了嘉鱼的县情水情，接上了嘉鱼的地气。

冒着热气，主要体现在稿件时效上。这则消息的线索，来源于嘉鱼县委宣传部新闻科工作人员龙钰的一条微信朋友圈。星期天在家的时候，我看到龙钰朋友圈里发了当地打捞渔船的图片，觉得这是一则好新闻，所以就点赞并留言评论。周一一上班，报社领导就安排我去现场采访，要求把这个线索做实做好。我当即开车赶往现场，在驻站记者谭昌强的支持和配合下，我们采访到了渔船回收的工作人员，采访了政府部门负责人，采访了渔民代表，也正好赶上了当天

---

① 习近平.在推动长江经济带发展座谈会上的讲话[M]//中共中央文献研究室.习近平关于社会主义生态文明建设论述摘编.北京:中央文献出版社,2017:69.

最后一批渔船回收到位。当天上午基本上完成了采访,中午加班写稿,下午补充完善,拍到最后一艘渔船打捞上岸的照片后,稿件就传回了报社。在我们赶回嘉鱼县城吃晚饭的路上,新媒体就推出了报道。当天晚上,稿件上版面,第二天见报。用"冒着热气"的新闻事实,满足了新闻时效性要求。

完成这篇稿子后的另一个体会就是:按照消息写作"三个三"要求来组织、推进稿件,简单快捷,实用好操作。

文章结构上按照三个层次推进,第一层:导语(最后一条渔船被回收上岸),回答做了什么事;第二层:交代背景(嘉鱼有109.6公里长江岸线,其中87公里江段位于白鱀豚国家级自然保护区内,省政府要求实施长江禁捕),回答为什么做;第三层:主体(政府出资回收渔船、开展就业培训引导渔民转产),回答了具体怎么做。

在采访对象上,引进了回收渔船的人、政府主导部门负责人、渔船被回收的渔民、接受培训后转产成功的渔民等多方人物代表,让他们现身说法,印证新闻内容,交代新闻背景。同时,也通过当事人、知情人、相关人这三类人具体经历的三类事例,来增强文章说服力。

一句话就是,尽量做到见人见事见现场,有点有面有思想,把一件事情说清楚,把现场新闻写鲜活。

(姜明助)

案例三:《一雁南来张家湖　陆羽故里最相宜》赏析

一雁南来张家湖　陆羽故里最相宜①
来自北冰洋的灰雁迁徙张家湖的故事

　　一只从北冰洋南迁的大雁"灰姑",在中国的内蒙古得以救助放飞,它在继续南迁过程中,在我市张家湖停留了20多天,是什么原因让它恋恋不舍……

　　2月2日"世界湿地日"过后不久,记者追踪回溯这只大雁停留张家湖的故事,其中,张家湖生态环境保护引人自豪,我市环保志愿者爱鸟护鸟情怀令人感奋。

　　2018年12月28日,湖南环保志愿者周自然通过自媒体一篇题为《张家湖国家湿地公园"探鸭营"》的文章,找到了其作者——我市摄影家协会主席、环保志愿者邓昭学。

　　原来,2018年12月25日,湖南环保志愿者周自然在大雁志愿者保护微信群"跟着大雁去迁徙"里,收到内蒙古乌梁素海保护站站长马海明留言:"2018年10月中旬,我们有两只灰雁戴了定位器,现在飞到岳阳那边了。"

　　2016年,乌梁素海保护站救助了8只灰雁,2017年开始,在乌梁素海繁殖了17只幼崽,同年11月南迁;2018年又回到乌梁素海保护站,现已有67只。灰雁已把乌梁素海保护站当家,每年开春就会回来。它们在什么地方过冬呢?好奇的马海明给其中两只灰雁装了卫星定位器。周自然为这两只灰雁取好了名字:"灰姑"和"乌娘",连起来,即"乌梁素海出生的灰雁姑娘"。

　　周自然告诉邓昭学,灰雁"灰姑"停留在张家湖,但因多日阴雨低温,灰雁"灰姑"身上安装的卫星定位跟踪器太阳能电池发电不足,不能及时发送信号。"灰姑"白天在张家湖北岸的滩涂觅食,晚上就会飞到南岸休息,能否请邓昭学在时间上把握好,拍到这只灰雁?

　　乌梁素海是中国八大淡水湖之一,素有"塞外明珠""塞外都江堰"之美誉,被国际湿地公约组织列入国际重要湿地名录。长期关注湖泊环境保护的邓昭

---

① 邓慧遐.一雁南来张家湖　陆羽故里最相宜[N].杨帆,编辑.天门日报,2019-02-08.

学敏锐地意识到:这只从北冰洋南迁的大雁,不远万里飞到我市,意义不一般。他立即和市摄影家协会名誉主席雷圣祥,环保志愿者孙海平、汪海舫等人联系,2018年12月29日,邓昭学一行踏雪到了张家湖。但是,因当天天气冷、视线差,不利于观鸟,邓昭学一行未拍到"灰姑"。

第二天,邓昭学等人又带着航拍器材,再次来到张家湖拍摄,但"灰姑"飞到了长江边上的洪湖。当志愿者们计划去洪湖看"灰姑"时,"灰姑"却从洪湖飞到长江,后又飞回张家湖。

邓昭学认为,张家湖湖水较浅,湖区动植物丰富,自然环境日益改善,冬季气温适宜候鸟越冬。"灰姑"选择回归,理所当然。

2019年1月1日至2日,邓昭学等我市志愿者再度启程去看"灰姑",沿着张家湖反反复复巡查60余公里,遗憾的是并没有看到"灰姑"。

虽然三顾张家湖也没能拍到灰雁,但是天门环保志愿者深深为张家湖国家湿地公园的生态环境骄傲自豪:因为——只有适宜的生态环境才能吸引灰雁在天门生活20多天。

推荐理由:

本篇文字通讯荣获第三十七届湖北新闻奖二等奖,记录了一只来自北冰洋的大雁,在内蒙古得以救助放飞,南迁时在张家湖湿地公园停留20多天的故事。由于获此线索时,大雁已飞离,记者抓住世界湿地日这一契机,用蒙太奇的手法,讲述内蒙古、湖南、湖北等地的环保志愿者共同爱鸟护鸟的温馨故事,同时讲述自然生灵的生命传奇,凸显了环境保护、生态文明建设重大主题。

政策背景:

2016年9月,《长江经济带发展规划纲要》正式印发,确立了长江经济带"一轴、两翼、三极、多点"的发展新格局,长江经济带是生态文明建设的先行示范带。

2018年11月,中共中央、国务院明确要求充分发挥长江经济带横跨东、中、西三大板块的区位优势,以共抓大保护、不搞大开发为导向,以生态优先、绿色发展为引领,依托长江黄金水道,推动长江上中下游地区协调发展和沿江地区高质量发展。

2018年,湖北省宣布将实施"长江经济带绿色发展十大战略性举措",涉及

58 个重大事项、91 个重大项目,总投资 1.3 万亿元,其中明确了要加快发展绿色产业、构建综合立体绿色交通走廊、推进绿色宜居城镇建设、实施园区循环发展引领行动、开展绿色发展示范。

湖北省天门市张家湖国家湿地公园试点建设自 2015 年底启动,湿地生态系统得到了有效保护和恢复,基础设施建设和公园服务功能日趋完善。2020 年 12 月,张家湖国家湿地公园成功通过国家级验收。公园于 2021 年初免费开放,成为市民休闲旅游打卡目的地之一,是该市的新晋"国字号"网红景点。

一只从北冰洋南迁的大雁"灰姑",在中国的内蒙古得以救助放飞,它在继续南迁过程中,在张家湖停留了 20 多天。这正是张家湖生态环境得以改善的最好明证。

2021 年 8 月,天门市发改委发布消息,重大区域发展战略建设(长江经济带绿色发展方向)2021 年中央预算内投资计划下达,张家湖国家湿地公园湿地保护和修复项目获 3580 万元中央预算内资金支持。

作品赏析:

不出场也有好新闻

文章题目点名本文主旨。标题《一雁南来张家湖 陆羽故里最相宜——来自北冰洋的灰雁迁徙张家湖的故事》,通过来自北冰洋的灰雁迁徙张家湖背后的故事,表达出陆羽故里天门市自然生态环境优越。张家湖湖水较浅,湖区动植物丰富,自然环境日益改善,冬季气温适宜候鸟越冬,这也说明了"只有适宜的生态环境才能吸引灰雁在天门生活 20 多天。"

导语部分抛出疑问:是什么原因让"灰姑"在天门市张家湖停留了 20 多天,"让它恋恋不舍"?正文便依着这疑问展开,通过天门市摄影家协会主席、环保志愿者邓昭学"探雁"的故事,跟着邓昭学的脚步来讲述"灰姑"的故事。事实上,邓昭学"三顾"张家湖,沿着张家湖反反复复巡查 60 余公里也没能拍到灰雁。但根据灰雁"灰姑"身上安装的卫星定位跟踪器知道,"灰姑"在天门市张家湖停留了 20 多天。因此,这并不妨碍突出"张家湖国家湿地公园的优良生态环境"这一主旨。

全文虽然主角"灰姑"未直接出场,但是通过两地环保人员的描述和采写,以及卫星定位数据侧面展现出了生态环境变化对候鸟行为的影响。该报道巧妙地用一只大雁串联起全国各地注重环境治理所获得的成效,主题明确、构思精巧。

记者手记:

偶然得知　精心采写　凸显生态环保大主题

一只从北冰洋南迁的大雁,在内蒙古得以救助放飞,它在继续南迁的过程中,在湖北省天门市张家湖停留 20 多天(时间最长),是什么原因让它恋恋不舍……

严寒冬日,记者敏锐意识到这是环境保护、生态文明建设的好题材。由于得知这一线索时,大雁已飞离当地,记者便紧紧抓住"世界湿地日"这一契机,追踪、回溯、挖掘这只大雁停留张家湖的故事,多次顶风冒雪采访本地环保志愿者,走进张家湖让被采访者"指认还原"当时沿湖寻找的足迹,聆听环保志愿者邓昭学讲述内蒙古乌梁素海保护站站长、湖南环保志愿者以及他自己三者间的故事,他们遥遥相隔不同省区,素不相识却心意相通,只因为共同的爱鸟护鸟环保情怀!

详细采访结束后,因为灰雁已离开当地,记者在写稿时,用蒙太奇的手法,多运用背景资料,娓娓道来内蒙古、湖南、湖北等不同地区、跨越万里的环保志愿者,共同"护鸟、爱鸟"的温馨故事,从中挖掘凸显出环境保护、生态文明建设的成效,环保志愿者的思想境界,引人深思。在制作标题时,记者多次修改,考虑到湖北天门是茶圣陆羽的故里,所以采用了《一雁南来张家湖　陆羽故里最相宜》这个标题。

该文刊发后,迅速被学习强国平台、《湖北日报》、荆楚网等媒体采用或转发。网友、读者纷纷称奇,盛赞当地生态环保工作成效显著,环保志愿者的生态文明意识极强。

此文刊发后,保护环境、爱护鸟类、保护好湿地等话题成为热搜。大家表示,湖北省天门市的生态环境保护引人自豪;环保志愿者爱鸟护鸟的情怀令人感奋。

当然,此文也有"硬伤",因为文中一个标点符号用得不够标准,导致原本要评为湖北好新闻奖一等奖的作品,只能遗憾地评为二等奖。评委老师们在点评时表示,因为一个标点符号而不能获评一等奖,实在遗憾。希望所有媒体工作者以及正在求学、即将投身新闻事业的莘莘学子引以为戒,新闻工作必须一丝不苟、精益求精!

(邓慧遐)

案例四:《一江碧水享清凉》赏析

一江碧水享清凉①

摄影 杨东

推荐理由:

这幅新闻摄影作品荣获湖北省第三十七届新闻奖一等奖。在这张图片中,市民来到汉江边跳水、游泳,享受清凉。每年夏天,到汉江中游泳、跳水,是襄阳市民最喜爱的运动之一。拍摄当日是中伏第一天,穿城而过的汉江成为市民戏水消暑的好去处。一部分人围在汉江边上等待站上跳台飞身跃入江中,一部分人泡在江水中降温消暑。已经在跳台上的两名跳水爱好者飞身一跃,像两只燕子在空中飞翔。整张照片流露出百姓生活的幸福感和襄阳市民的满满活力值。

背景介绍:

近年来,襄阳市以"生态优先、绿色发展"为引领,以"共抓大保护、不搞大开发"为导向,积极履行 2018 年"三年还一个大美襄阳"的承诺,切实加强水系治

---

① 杨东.一江碧水享清凉.王虎,编辑.襄阳日报,2019－07－23.

理与水资源保护,大力实施长江大保护十大标志性战役等,着力建设绿色襄阳,打造汉江生态经济带。

守护"美丽汉江"。近年来,襄阳市加大了环境保护和治理力度,在立法、建立长效管理机制、强化组织保障等方面综合施策守护"美丽汉江"。2018年初,启动汉江流域水生态环境整治15项专项战役。2018年以来,在195公里汉江两岸1000米的范围内,襄阳全面关闭、搬迁规模养殖场、污染企业、非法码头600多家,30多公里的岸线及数百亩土地腾退植绿;经汉江水环境监测中心检测,汉江襄阳段水质确定为Ⅱ类,部分指标趋向Ⅰ类。襄阳已形成以谷城汉江国家湿地公园等为主要节点,汉江重要支流为脉络的"大汉江湿地生态系统"。

作品赏析:

绿色发展好在哪? 一江碧水享清凉

"用新闻摄影来叙事,其实就是用镜头、用图片来讲故事,与新闻稿件类似,新闻摄影也需要精巧构思。"

一图胜千言。图片中,跳水者飞身一跃,像两只燕子在空中飞翔,作者用无人机定格下了这一瞬间。借助无人机航拍,整幅图片具有独特的视觉冲击力,主体突出,动感十足,让人印象深刻,生动而丰富的画面让读者有身临其境之感。

湖北《长江日报》摄影记者邱焰认为新闻摄影作品叙事重要性不可比拟,它可以用瞬间和角度提升视觉价值,用故事性提高记录的价值,用凝视表达时代价值。新闻摄影记者要构建多样化叙事语言,丰富新闻摄影作品的时代价值与审美艺术。新闻摄影记者用平民化、故事化叙事视角对故事内容进行呈现,给观众以贴近感、真实感,引发情感共鸣。记者可以从普通人的标志性事件中挖掘信息,更好地反映社会、引领发展。

一个小切口,来展示宏大的主题。航拍镜头下,一江碧水、蓝青色石头和各色泳裤相映成趣,目之所及,水清岸绿,给读者产生视觉上的冲击感,尤其是干净的河道和没有一片垃圾的江边,让更多人感受到好的生态环境建设带给人们的愉悦,在以"共抓大保护、不搞大开发"的历史主题下,绿色发展给人民群众带来了极大的红利。

案例五:《我县城市熄灯为候鸟让道》赏析

我县城市熄灯为候鸟让道①

《我县城市熄灯为候鸟让道》新闻截图

推荐理由:

该电视消息作品荣获 2020 年度湖南新闻奖三等奖。该报道抓住了小故事,反映了大温暖,体现了人与自然和谐共生。

作品赏析:

城市熄灯为候鸟让道　小角度大视野谱和谐

候鸟迁徙季,大批候鸟沿着蓝山千年鸟道往南飞。夜行候鸟飞行过程中受灯光吸引,在城市上空长久低飞盘旋。记者拍摄到候鸟低飞盘旋、城管熄灯巡逻、倡导商家熄灯的第一手资料,第一时间进行了采访,并以小角度、大视野的方式报道一座小县城主动熄灭城市射灯为候鸟让道的新闻故事。当地这一举动虽然按下了城市繁华"暂停键",却拯救了数以万计候鸟的生命,体现了人与

---

① 孟江兵,王欣金.我县城市熄灯为候鸟让道.王欣金,编辑.蓝山县融媒体中心,2020 - 09 - 25. https://xhncloud. voc. com. cn/portal/news/show? id = 558383.

自然和谐相处。

《我县城市熄灯为候鸟让道》报道后,引发众多关注。《永州日报》记者黄玲玲发文写道:"在蓝山县,夜间飞行的白鹭被灯光照射失去方向感,长时间低飞盘旋。发现这一情况后,蓝山县迅速做出决定——立即熄灭广场灯光和部分街道路灯,为候鸟迁徙让路！一个小小的善举,体现的是广大市民爱鸟、护鸟的深情厚谊,更映射出城市管理者们坚持生态优先、注重保护生态文明的强大共识。"

地形狭窄的蓝山是国内候鸟迁飞通道上最热闹的隘口之一,也是历史悠久的"千年鸟道"。对蓝山人来说,和鸟儿相处再寻常不过,每年秋天都有数以万计的候鸟从蓝山迁徙过境,类别超过一百种,一些对生态环境要求严格的珍稀鸟类也相继在这里出现。这里也成了观鸟胜地,吸引了不少省内外的摄影家前来拍摄,谱写了人与大自然和谐相处的最美序章。

候鸟种群多寡、迁徙路线的变化是检验一个地方生态环境的自然指标。永州是湘江的源头,生态环境是永州最大的优势、最大的财富、最大的品牌。近年来,永州始终坚持"生态优先",倡导和树立"绿水青山就是金山银山""低碳、绿色、环保""尊重自然、顺应自然、保护自然"等现代生态理念,着力构建完善的生态制度、良好的生态环境、稳定的生态空间、发达的生态经济、适宜的人居环境、和谐的生态文化。如今,一系列生态措施的落地让永州生态环境改善成效显著,永州林地绿地的生态功能日益完善,生态"绿色"早已成为当地发展的"底色"。

在永州,熄灯为候鸟让道并非孤例。双牌县在候鸟迁徙期间,不少酒店、商铺主动关掉了霓虹灯、外墙灯。不仅如此,该县护鸟营还每天安排30多名志愿者,轮班值守潇水、永水河、浮洲岛等地,守护候鸟的安全迁徙栖息。

守护候鸟的安全迁徙栖息,不仅是社会文明的标志,还是生态宜居城市的重要内容。市民守护候鸟,并且与政府部门形成合力,这是一件非常可喜的事情,一方面彰显了政府部门对生态环境保护的重视,另一方面也说明生态文明理念已深入人心,人与自然和谐相处的意识明显增强。

如今,白鹭在迁徙季节准时来到永州"打卡",翩跹起舞,用翅膀为永州的生态环境"点赞"。永州在与鸟儿和谐相处的善举中,也为城市增添了一抹温暖和友善。

思考题:

1. 生态新闻是一座富矿,从一只鸟迁徙、最后的渔船上岸,再到为候鸟熄灯等,每一个关乎人与自然和谐的故事都值得做文章。那么,在日常生态类新闻采写中,需要用怎样独特的视角去做好生态大文章?

2. 面对人人都是新闻传播者和受众的大背景,新闻图片应该如何呈现才会"走"入读者中间,更易为读者接受?

3. 案例中"灰姑"被报道过多次,在日常新闻采写中,经常会遇到一些老题材、老新闻对象,思考如何写出新意,在众多媒体中找到新的故事点。

（本章组稿、撰稿:贺 欣）

第五章 科 技 篇

党的十九大提出了实施乡村振兴战略和创新驱动发展战略,习近平总书记再次强调"创新是引领发展的第一动力"①。

当今世界,科学技术日新月异,随着新的科技革命的展开,我国农业技术与产业科技发展呈现出一系列新的变化,主要表现为:以生物技术、信息技术等为代表的高新科技成果在生产领域的广泛应用,使科学技术在农业与产业增长中的贡献份额不断提高,从根本上改变了传统的生产方式,创造出了巨大的生产力。

在新的传播环境下,媒体如何拓展农业技术与产业科技传播功能? 如何开辟新路走出困境? 近几年来,《溧阳时报》等媒体适应新形势、迎接新挑战,积极拓宽报道思路,在实践中以系列报道为突破口,在服务大局、深化农业技术与产业科技创新新闻报道方面进行了有益的探索和尝试:围绕大局做文章、结合热点找选题、从火热的生活中找题材、重大题材选好角度、从与读者的交流沟通中寻找报道线索。记者们走向田间、走进厂房、走上互联网,报道科研人员想问题、攻难题、促发展的积极性,把科技成果展示出来,服务农业与产业、服务大众,使科技的作用大放光芒,从而带动乡村振兴和创新驱动发展。

---

① 新华网.习近平:决胜全面建成小康社会 夺取新时代中国特色社会主义伟大胜利 [EB/OL].(2017 - 10 - 27)[2021 - 09 - 30]. http://www.xinhuanet.com//politics/2017 - 10/27/c_1121867529.htm.

案例一:《大农机挺起溧阳农业脊梁》赏析

从"镐锄镰犁"到"全程机械化"

大农机挺起溧阳农业脊梁[①]

眼下正值农忙时节,连日来,在有着"苏南第一方"美誉的南渡镇万亩高产水稻示范方,旋耕机、插秧机、无人植保机等轮番上阵,广袤的田野上,除了农机手,看不到几个劳作的农民,成片绿油油的秧苗便已整齐地铺展开来。

这是农业机械化给乡村农耕带来的便利。新中国成立70年来,我市农业生产发生了翻天覆地的变化,农机装备实现从无到有、从有到全、从全到好、从好到优的不断突破。机械化种粮逐渐替代了传统的农耕方式,有力地促进了农民增收、农业增效。

"以前种地费工费力,效率慢,只能干着急,现在全部机械化,让大规模种植成为可能。"溧阳市松林农机专业合作社社长王林松告诉记者,不到2个月的时间里,合作社共收割小麦4000余亩、插秧5000余亩,收割、烘干、秸秆还田、耕整地、育秧、插秧、植保,全部机械作业。"4000多亩的小麦,我们一周就收完了,这在以前想都不敢想,现在,种地是越来越轻松了。"说起机械化的好处,王林松的脸上洋溢着丰收的喜悦。

我市素以盛产粮油闻名,是全国粮食生产先进县(市),也是苏南地区最大产粮区之一,常年主要粮食作物种植面积近90万亩。经过不断努力,我市农业生产实现了从以人畜力为主向以机械作业为主的历史性跨越,一批自动化、智能化农业机械涌现出来,为农业尤其是粮食生产连年丰收,提供了强大的物质装备保障。

"我市主要粮食生产全程机械化水平已达92.31%,其中,耕整地机械化水平达99.45%,水稻机插率达91.11%,稻麦收获机械化水平达99%,产地烘干能力达100%,秸秆机械化处理达86.75%……"市农机推广站站长蒋秋新介绍,我市历来重视新农机新技术的推广,其中粮食生产全程机械化整体推进在

---

① 沈亚萍.大农机挺起溧阳农业脊梁[N].溧阳时报,2019 – 06 – 27(02).

全省一直名列前茅。2017 年,经省级评审,我市被列为全省第二批粮食生产全程机械化整体推进示范市创建单位。

"现在种田简单了,从耕田到收割,都不用自己下田。"有着五十多年的种田经历的农民赵年喜告诉记者,过去,农民种田是面朝黄土背朝天,在没有收割机的年代,一个壮劳力一天仅能收割小麦 7 分田或水稻 1 亩田,收割的粮食还要从田里拉回来晒干扬净。农忙时节,几亩田就能把一家老小累个半死。

如今,农机是"三夏"大忙的主角。据统计,今年我市共有 620 台收割机、1248 台插秧机、753 台烘干机、1015 台大型拖拉机投入夏收夏种。截至 6 月 5 日,全市麦收基本结束,历时 2 周左右,小麦机收率达 99% 以上,水稻机械化种植水达 91% 以上。

除了机耕机收,高科技"无人机"也频频亮相。以往"一喷三防"主要靠人工,如今越来越多的植保无人机活跃于陌上田畴,成为农民植保的好帮手。位于茅山革命老区的竹篑镇长岗村种粮大户陆建新颇有感触地介绍了这些年来的变化。他说,以前都是人工喷药,需要背着大药箱徒步在稻田里进行喷洒作业,劳动强度很大,一整天只能喷 30 亩左右。现在无人机植保,一天能喷 350—400 亩,比人工防治效率高出十数倍。

"现在种田,你不靠机械靠双手做死了也没有用。有了'好'机械,种田是一种享受。"陆建新种田至今已有 27 个年头,2010 年,他成立了一家农机专业合作社,先后投入 300 余万元用于农机装备的购买和更新,为周边农户和种田大户提供全套农业作业服务。

越来越多的农民尝到了农业机械化带来的甜头,农民购机的积极性也日益高涨。据统计,我市农业生产中农机具购置总额平均每年在 1 亿元左右,农机装备成为当前农业生产中必不可少的投入。农业机械化还带动了农机合作社的发展。记者从市农业农村局获悉,当前,我市共有农机合作社 292 个,村均达到 1.6 个,农机合作社成员 2.7 万人,农机服务覆盖 11 个镇区(街道)、175 个行政村,粮食生产大型农机具 8719 台套,全市拥有率达 74.1%。

"耕地不用牛、种田穿皮鞋、收割不用刀、治虫不下地、插秧不弯腰"的顺口溜已成为全市农业生产的真实写照。70 年的砥砺奋进,农业机械化释放出巨大的潜力,有力地推动了我市农业向标准化、现代化、产业化迈进,让昔日"产粮大县"快步奔向"农业强市"。

推荐理由:

报道通过理念的阐释、故事的讲述、情景的描写等,讲好中国故事,传播好中国声音,引导人民群众充分认识中国梦的时代内涵和现实意义,营造良好的舆论氛围。

(一)主题鲜明,立意深远

2019 年是中华人民共和国成立 70 周年。70 年砥砺奋进,我们的国家发生了天翻地覆的变化。70 年感天动地的华章,书写着溧阳与共和国的共同成长。《从"镐锄镰犁"到"全程机械化" 大农机挺起溧阳农业脊梁》是记者深入基层、深度挖掘、用心讲述的精彩故事。报道从人民群众的实践活动中提炼出有价值的主题,弘扬了团结奋进的正能量,选题策划上有立意深远的宏观意识,也有追踪民生话题的问题意识,还善于从事件中揭示农村发展的共性问题。

"不断掌握新知识、熟悉新领域、开拓新视野,增强本领能力,加强调查研究,不断增强脚力、眼力、脑力、笔力,努力打造一支政治过硬、本领高强、求实创新、能打胜仗的宣传思想工作队伍。"[①]这是习近平总书记对宣传思想工作者的谆谆教诲、殷殷期待,也是所有新闻工作者的努力方向。

(二)贴近基层,素材鲜活

精妙的构思、精良的策划,都不如脚踏实地深入一线的采访。实践和基层是最好的课堂,群众是最好的老师,要做好新闻宣传工作,必须迈开步子、走出院子。

为充分展示中华人民共和国成立 70 年来,特别是溧阳 70 年来的光辉历程和宝贵经验,生动反映党的十八大以来的历史性变革和成就,《溧阳时报》特开设《壮丽 70 年,奋进新时代》栏目,记者们纷纷下一线调研采访,通过记者的一线调研采访,挖掘报道新时代溧阳蹄疾步稳推进高质量发展的措施、成效和经验做法,营造共庆祖国华诞、共享伟大荣光、共铸复兴伟业的浓厚氛围。在调研中,大家走进基层、走进乡镇、走进农村,与群众面对面、零距离,坐同一条板凳、聊同一个话题,掌握思想动态,倾听百姓心声,汲取群众智慧。大家虚心向群众

---

① 新华网.习近平:举旗帜聚民心育新人兴文化展形象 更好完成新形势下宣传思想工作使命任务[EB/OL].(2018 - 08 - 22)[2021 - 09 - 30].http://www.xinhuanet.com/politics/2018 - 08/22/c_1123310844.htm.

学习、向基层学习、向实践学习,通过跑、看、问、记、思,形成了正如《大农机挺起溧阳农业脊梁》等带有泥土芬芳、富有真知灼见的高质量报道,挖掘出了新时代溧阳集体稳步推进高质量发展的措施成效和经验做法。

（三）角度新颖,以小见大

媒体竞争日趋激烈的今天,新闻同质化、表象化情况比较严重,新闻角度选取得好,能克服这些问题,也能够吸引读者兴趣,达到良好的传播效果。《从"镐锄镰犁"到"全程机械化" 大农机挺起溧阳农业脊梁》这篇报道,从农村农业发展的角度,关注人民群众的利益诉求,通过列举大量的数据,形象而生动地表现出农业机械化的强大潜力。报道引用了许多被采访者的第一人称话语,使得文章更显亲切与真实感,同时配以相关农作的图片赋予视觉冲击力,充分展现了溧阳市农业生产发生的翻天覆地的变化,农机装备实现从无到有、从有到全、从全到好、从好到优的不断突破。机械化种粮逐渐替代了传统的农耕方式,有力地促进了农民增收、农业增效,充分表现出农业机械化给乡村农耕带来的巨大便利。报道通过人民群众的经历、见闻、感受,讲述了溧阳市农业机械化创新带来的发展变化,用小故事反映大时代,以小切口反映大主题,也展示了县市区域报在重大主题报道中的责任担当和良好作为。

背景介绍:

近年来,溧阳市深入实施乡村振兴战略,因地制宜推进农业机械化和农机装备升级,高质量完成省粮食生产全程机械化整体推进示范市年度目标任务。为了助力该市农业绿色发展,引导植保无人机技术开发和规范应用,市财政局开展了植保无人机购置补贴试点,每台无人机补贴达14000元。2019年度,市财政安排植保无人机试点补贴资金总量为46.2万元,意在推广先进适用、技术成熟、安全可靠、节能环保、服务到位的新型植保机械,不断优化农机装备结构,提升病虫害统防统治水平。

该市在推进创建粮食生产全程机械化示范市过程中,下发了一系列政策文件。令人眼前一亮的是,2017年、2018年《市级农机化发展资金重点扶持范围和奖补标准的通知》将全程机械化监督考核、实施主体能力提升、人才培训作为工作重点加以扶持,两年内市级农机化发展专项资金投入共584万元,做到人、钱、政策三大保障到位。溧阳正大力推进农机人才队伍建设,实现农机化发展新动能再增加。在农机人才的教育培训中,重点围绕新型职业农民培育、农机合作社带头人培训、农机职业技能鉴定、农机驾驶操作人员培训等形式,整合各渠道培训资金资源,建立政府主导、部门协作、统筹安排、产业带动的培训机制。

作品赏析:

这是"1949—2019 壮丽 70 年,奋进新时代"系列报道之一。2019 年度,在"壮丽 70 年,奋进新时代"庆祝中华人民共和国成立 70 周年主题新闻作品评选中,该作品获中国县市区域报新闻奖三等奖。

1. 文本分析

从报道主题来看,一是贴近群众,主题鲜明,以身边人、身边事为基础,以小见大,彰显时代特色。二是地域新闻,典型经验,小场面也能牵动大主题。记者遵循了客观、真实叙述的前提后,借鉴文学叙事技巧,将新闻真实性与故事性融合,给人们带来新的阅读体验和心灵感悟。记者像讲故事一样写新闻,用"故事化"的方法来叙述新闻事件,挖掘新闻事实中的故事要素,探索新闻叙事模式的创新。

从报道的内容来看,一是主题鲜明,文字精练。农业农村问题是关系国计民生的大事,记者在这一背景下敏锐地捕捉到了这一重要的新闻线索,抓住了对国家和人民都有重大价值的事件,把握住了时代脉搏,增强了报道内容的重要性和社会性。整篇作品没有刻意在形式上追求创新,而是"清水出芙蓉,天然去雕饰",正是在朴实的文字中,我们可以体会到记者的匠心独具。二是运用数字说明,清晰明了,产生了一定的社会影响。为了使所要说明的事件具体化,记者运用了大量的数据,既能准确客观地反映事实,体现了报道的真实性,又有较强的说服力,以便读者理解。三是突出时代热点,具有典型的推广借鉴意义。农业机械化给农业带来的巨大变化是对城市化大潮中农村、农业、农民问题的重要探索,记者抓住这个典型案例,以小见大,通过溧阳农业的变化,展现了现阶段农村新的发展之路,具有重要的社会性和新闻价值。

2. 报道策略

新闻报道能否有特色,能否产生预期的新闻效应和社会效应,关键在于能否充分开发和利用新闻资源,从不同角度和侧面写出人民群众喜闻乐见的新闻故事,并通过不同的渠道进行有效传播。本篇报道在这方面提供了有益的启示。

（1）全局观念报道，不孤立地看问题。报道不仅对大农机有所关注，还能站在农业发展的高度来看待问题，做到立意深远，立足溧阳市的成果经验，着眼农业发展的大布局，这样的报道对全国其他农村的农业机械化具有借鉴意义。

（2）强烈的基层意识和群众意识，把新闻做大、做深、做活，提升新闻价值。树立"民生无小事"的观念，将反映农业科技一线的新闻故事通过新闻媒介放大，形成热点效应；不就事论事，通过记者细心观察和耐心访问，对新闻背后故事进行深化；不只是介绍性地平淡叙事，而是通过画龙点睛的细节和个性化的语言，提高了新闻报道的生动性和可读性。

（3）充分运用媒体融合的传播手段，丰富传播形态，提高报道的覆盖面。该报道在《溧阳时报》发表后，腾讯网、搜狐网等国内多家网络媒体转载或发表评论，有机组合各种报道形式和渠道，大大提高了报道的传播效果和影响力。

案例二:《5G 技术助力国产机器人完成全球首场骨科实时远程手术》赏析

5G 技术助力国产机器人完成全球首场骨科实时远程手术①

【导语】今天上午,北京积水潭医院院长田伟在医院的机器人远程手术中心,借助 5G 技术,同一时间对千里之外的嘉兴和烟台的两位患者实施了机器人远程手术。这场全球首例骨科机器人多中心 5G 远程手术,标志着我国人工智能应用达到了新高度。来听一下新闻广播记者韩萌的报道:

【同期】——(田伟)烟台山医院这边可以开始操作了。

——(烟台山医院医生)好,我们准备好了。

——(田伟)先从左侧腰 12 开始。

【记者】听众朋友大家好! 现在是 9 点 05 分,我现在是在北京积水潭医院地下一层的机器人远程手术中心。这里非常特别,既没有病人也没有病床,只有主刀医生——积水潭医院院长、骨科专家田伟,他正坐在三块大屏幕前。今天呢,他不用手术刀,一会就将用面前的这台电脑远程操控浙江嘉兴和山东烟台手术室里的两个机器人,给两名腰椎骨折的病人实施手术。

【同期】(田伟)好,开始啊。

【记者】那现在我在大屏幕上非常清晰地能够看到千里之外的两个手术室里,除了病人、医生,还有非常重要的一位成员,就是由我国自主研发的"天玑"骨科机器人。它现在也穿好了像塑料一样的防护衣,准备给病人实施手术。

【同期】——(田伟)好好好,别动了。

——(浙江嘉兴)开始打导针。

【记者】我们看到现在随着田伟医生在北京远程中心的电脑上的一个手势操作后,大屏幕上浙江嘉兴二院这个机器人的机械臂正在患者腰椎上方三四厘米的位置缓缓地移动,它现在找到位置之后,开始将导针插入患者的腰椎。

---

① 韩萌.5G 技术助力国产机器人完成全球首场骨科实时远程手术.FM100.6 北京新闻广播,2019 - 06 - 27.

【同期】——(浙江嘉兴)好,田院长,腰12左侧导针完毕!

——(田伟)好好!

【记者】手术刚刚开始十分钟,第一根导针就已经插入了患者的椎体内。现在手术时间已经过去了1小时45分钟,大屏幕上马上就可以显示出机器人传回的患者的腰椎图片。

【同期】——(田伟)看看侧位那张片子……啊侧位非常棒!哎呀……(田伟松了一大口气,现场传来笑声并响起了掌声)

——(在场医生)非常棒!(掌声)

【记者】两台手术、12颗椎弓根螺钉准确无误地植入了患者体内。记者看到,与传统手术不同,机器人微创手术不需要暴露骨头、大面积切开皮肤,只需要通过机器人透视技术,医生就可以直接在电脑上看到患者受伤部位的三维立体画面。这与以往靠经验下针的传统技术相比是一个巨大的进步。

【同期】——(田伟)我们有了机器人这样一个武器,它能够使医生的手术的质量和安全性大为提高。再加上这种技术能够远程实时操作,等于说机器人又长了翅膀,能够把无论多远的距离都归为零了!

【串词】记者在现场注意到,整台手术没有因为上千公里的距离出现信号卡顿、处理不及时等反应,负责整台手术5G技术支持的北京电信副总经理项煌妹坦言,手术最大的难点就是机器人对于指令的反应速度,应该像操作者用自己的手一样灵敏,而这只有5G能实现。

【同期】——(项煌妹)5G的时延的要求就是毫秒级。举一个例子哈,就是针扎你,你感觉到疼是20毫秒。

——(记者)后期他们就可以长期来使用了吗?

——(项煌妹)当然了!我们也会选择真正有应用场景的地方去布5G。

【串词】据了解,这台全球范围内首次开展的多中心远程实时骨科机器人手术,标志着智能机器人远程手术技术正式进入临床实际应用,对提升我国边远地区医疗服务质量有非常重要的意义。

【同期】——(田伟)可能很远的一个病人,他要到积水潭医院来做手术,过去呢就得不远万里,住店,还得住院啊,等等。那现在病人就可以在当地,由北京直接远程控制机器人给他进行手术。可以说是一个时代性的跨越!

【串词】目前在工信部和国家卫健委的推动下,全国有20多家医院建立了骨科手术机器人应用中心,未来将带动300多家医院实现骨科远程手术。

推荐理由:

本篇报道获得第三十届中国新闻奖广播消息类一等奖。

新闻价值高。报道题材涉及全球医疗领域,使得它在全球的影响力巨大。此次报道事件展现了中国科技实力的发展和医疗领域的进步,完成了科技转化最后一公里,体现了5G新技术未来在远程医疗的应用价值,成为实实在在的惠民技术。

新闻时效性强、现场感强。记者采用"现场解说+同期声"的手段,增强了新闻的感染力,给人以身临其境的感觉。

记者敏锐发现新闻题材并现场采访报道,践行了"四力"精神,也使报道的故事性更强,通俗易懂。该报道同时在多种媒体平台取得了良好的播出效果。

政策解读:

2016年3月,国务院发布《中华人民共和国国民经济和社会发展第十三个五年规划纲要》,提出大力发展工业机器人、服务机器人、手术机器人和军用机器人。

2018年4月,工业和信息化部、国家发改委、财政部等三部委联合印发了《机器人产业发展规划(2016—2020年)》(下文简称《规划》),为"十三五"期间我国机器人产业发展描绘了清晰的蓝图。《规划》中明确,到2020年,自主品牌工业机器人年产量达到10万台,六轴及以上工业机器人年产量达到5万台以上。服务机器人年销售收入超过300亿元。培育3家以上具有国际竞争力的龙头企业,打造5个以上机器人配套产业集群。

《规划》中指出,机器人产业发展要推进重大标志性产品率先突破。

在服务机器人领域,重点发展消防救援机器人、手术机器人、智能型公共服务机器人、智能护理机器人等四种标志性产品,推进专业服务机器人实现系列化,个人/家庭服务机器人实现商品化。

《2019年国务院政府工作报告》提出打造工业互联网平台,拓展"智能+",为制造业转型升级赋能;围绕推动制造业高质量发展,强化工业基础和技术创新能力,促进先进制造业和现代服务业融合发展,加快建设制造强国。

作品赏析：

（一）选题由来

5G 技术，即第五代移动通信技术，英语为 5th Generation Mobile Communication Technology，简称 5G，是在 4G 的基础上更优秀的技术。5G 是具有高速率、低时延和大链接特点的新一代宽带移动通信技术，是实现人机物互联的网络基础设施。5G 网络不仅在网络速度上提升，更与我们彼此的生活息息相关。随着 5G 技术的正式商用，以及大数据、互联网 + 、人工智能、区块链等前沿技术的充分整合和运用，5G 技术在医疗健康领域逐渐发挥越来越大的作用。

大多数情况下，当我们生病需要医疗护理时，我们只有一个选择：去医院。但是对于处于农村地区或者更加偏僻的山区的人来说，医院位于几十公里之外甚至更远，带病出行既困难又耗时。而到达医院时，因为技术或资金的缺乏，很多医院无法完成一些高难度的手术，这就需要转到发达地区的大医院进行治疗，造成人力和财力的损失。那么就急需寻找一种可以远程操控的技术，及时掌握病人信息，并通过技术手段完成远程手术，帮助医疗系统救治更多的人。而 5G 技术具有巨大的潜力，能解决贫困山区所遇到的困难。

5G 网络的高速率、大宽带、低时延的特性可以有效保障远程手术的稳定性、可靠性和安全性。利用 5G 网络技术，医生可以通过高清音视频实时交互、操控信号双向传输、监测数据并共享数据，随时随地掌控手术的进程和病人的情况，为优质的医疗资源再分配提供了新的可能。

近年来，社会一直在关注有关国内外火热的 5G 技术是如何运用在改善人民福祉的医疗、教育等民生领域的。此篇报道就是 5G 技术在医疗领域应用的具体体现。除了 5G 技术，报道中另一亮点——我国自主研发的智能机器人也登上了手术台。

"手术机器人"正是在 5G 时代下智慧医疗的新应用。根据中国电子学会的定义，手术机器人属于服务机器人大类中的医疗服务机器人，主要功能是为外科医生在手术过程中提供协助，以便更好地完成手术操作。手术机器人是集多项现代高科技手段于一体的综合体，目前主要用于心脏外科和前列腺切除术，并在其他各类手术中推广应用。手术机器人的技术来源于工业机器人，本质上是一套高精度操作平台，尽管它只能由人来操作，无法独立完成动作，但它依然为外科手术带来了革命性的改变。

"5G+人工智能机器人"两项尖端技术强强联合,标志着智能机器人远程手术技术在我国正式进入临床实际应用。

(二)文本分析

《5G技术助力国产机器人完成全球首场骨科实时远程手术》,标题简明清晰,用概括性的语言让受众对新闻有一个总体的认识,帮助受众理解机器人完成骨科手术对全球医疗技术的突破,5G医疗机器人的出现给现代社会中具有经济差距的家庭实现空间与时间的突破,运用科技给人们的生命带来及时的救治从而打破以前社会医疗技术的弊端的阻碍,5G医疗技术的出现真正带来了现代科技的突破,能够实现未来拓展实施覆盖的全方位优点。

本篇报道采用倒金字塔结构,导语清晰准确地概括了事件发生的时间、地点、人物和事情发生的结果,将受众最关心的新闻事实呈现给受众,符合了新闻的真实性与及时性,准确地反映了新闻事实,主要报道了国内第一例远程骨科手术的顺利进行,介绍了此次事件对5G医疗技术的现实意义。

新闻主体通过案例显示出了内容真实、报道及时的特点。将报道解说词和同期声结合起来,给人一种身临其境的紧张感与压迫感,让人仿佛置身于北京积水潭地下一层的机器人远程手术中心现场,去近距离观看这场手术。同时,记者的同期解说词利用"这里非常特别,既没有病人也没有病床,只有主刀医生"设下悬念,制造谜题,引起受众的兴趣使人具有强烈的探索欲望。解说词的语言生动具体,同时配合同期声,记者通过语言为听众们还原了手术室的场景,引出介绍了此次事件的两位成员:主刀医生田伟和我国自主研发的"天玑"骨科机器人,为听众呈现了最新技术的手术现场。将医疗行业的专有名词通过大众化的表达方式显现出来,将复杂的手术过程介绍得通俗易懂,易于受众的理解和记忆。利用长时间的同期声的录制,增强了手术现场身临其境的氛围感,将医生手术时的话语起伏状态展现出来,凸显出了手术过程中的真实语言与情感,特别是手术成功后爆发的热烈掌声,具有代入感,增加了内容的可信性。

此篇新闻报道结语观点鲜明。通过介绍骨科机器人远程手术的成功进行,将5G技术和远程机器人的优势展现在受众面前。这种不需要暴露骨头、大面积切开皮肤的手术方式提高了手术的安全性和质量,5G技术也将帮助边远地区提高医疗服务质量。这种远程手术技术正式进入临床实际应用,将给全国乃至全世界的人民带来极大的便利。

串词补充说明了当下的国家政策并简要分析,使听众更好地理解新闻内容,突出国家对手术机器人的重视、对远程手术的支持,使人工智能惠民便民,提升边远地区医疗服务质量。

这场手术实现了全球范围内的两个第一:一是在电信和华为 5G 技术的支持下,首次实现了远程实时操控。这意味着手术打破了空间限制。这对如此幅员辽阔的我国的医疗资源均衡化具有重要的突破意义。二是首次同一时间完成两台远程手术,实现了火眼金睛、缩地成寸的人类理想。

(三)报道策略

1948 年,美国传播学家哈罗德·拉斯韦尔在《传播在社会中的结构与功能》中,首次提出了构成传播过程的五种基本要素,即所谓的"五 W 模式"或"拉斯韦尔模式"。这五个基本要素包括"谁""说了什么""通过什么渠道""向谁说""有什么效果"等。从人类活动的传播过程以及带来的传播效果来看,无论哪一类信息在传播过程中,"怎样传"的传播技巧问题也应该是一个很重要的方面,它直接关系到传播者是否可以达到自己的目的,取得良好的传播效果。

按照报道客体的发生状态,本篇报道属于可预见性报道。记者通过大量的前期准备工作进行采访工作的模拟与推敲,与现今发生的新闻事件具有一定的相似性,从而简化了新闻工作者后期编辑的烦琐工作,具有一定的可预见性以及能够弥补一定程度上还未发生的新闻事故。

在此次广播消息报道中,记者通过对专业医疗知识的了解以及提前与专家进行沟通手术方案,首次尝试进行"现场实时解说 + 同期"的形式,还原了现场令人紧张的手术关键步骤、成功的历史时刻,通过实时解说将复杂的医学技术、专有名词转化为通俗的广播语言,给人以真实易懂的感觉。

(四)传播渠道

1.广播传播

本篇报道选用广播进行传播,广播作为一种依托声音作为传播媒介的传播方式,现场声音增加了新闻的真实感,使受众听其声,如见其人,如临其境。广播新闻的优势在于:①传播面广。使用语言做工具,用声音传播内容,听众对象不受年龄、性别、职业、文化、空间、地点、条件的限制。②传播迅速。广播传播速度快,能把刚刚发生和正在发生的事情告诉听众。③感染力强。广播依靠声音传播内容,声音的优势在于具有传真感,使人如临其境、如见其人,能唤起听众的视觉形象,具有很强的吸引力。本篇报道合理有效地运用传播学原理、知识和技术,为达到预期传播效果而采用了合适的传播策略或传播方法,并利用互联网上传至客户端,使之传播速度更快,受众更广。传播者只有对广播信息传播效果的本质规律有深刻的认识,才能形成卓越的传播策略。

2.客户端传播

本篇报道除了在北京广播电视台 FM100.6 北京新闻广播《整点快报 22 点档》中播出。节目还同步在北京电台手机客户端"听听 FM"和北京广播网同步分发。

受众,简而言之就是指信息传播的接收者,它们是传播过程两极中的一极,扮演着十分重要的角色。它们是信息产品的消费者、传播符号的"译码者"、传播活动的参与者、传播效果的反馈者。早期的传播学者从宣传的角度出发,先后提出了"枪弹论""强效果论"等理论,其实质就是把受众看作是被动的信息接收者。随着传播学研究的深入,学者们发现不同的受众对于同一传播信息会产生不同的反应,受众在传播过程中的作用开始受到重视。因此,受众在传播的过程中至关重要,受众的反馈影响着新闻传播的效果。而广播新闻是以声音为传播手段对受众进行单方面传播的过程,其本质上属于线性传播。

传播学中线性传播是指以传播者为起点,经过媒介,以受传者为终点的单方向、直线性传播。线性传播由拉斯韦尔于 1932 年提出。线性传播方式包括"谁""说了什么""通过什么渠道""对谁说的""产生了什么效果"5 个组成部分。线性传播的特点是:①无间断性;②方向确定性。线性传播不同于离散传播的最大区别是无间断性。

线性传播的互动和反馈机制较弱,显著的缺点在于没有反馈,互动是单向性的。线性传播模式所代表的传播过程观的缺陷为:①将传播过程视为起于一点、止于另一点的直线、单向的过程,没有信息的回路与反馈。②将传播过程视为非环境互动的静态过程,即传播过程只是内部发生的活动,不考虑人的主观能动性,同时不与传播所生存的环境进行任何交流,忽视社会的客观制约性。

本篇报道利用客户端可以更好地接收到受众的反馈,传播速度更快,覆盖范围更广。步入"互联网+"时代,人们越来越习惯通过互联网获取信息,客户端通过网络的连接,将文字、音频、视频集纳一体,可以反馈受众的信息,和受众进行互动,而且可以吸引多年龄阶段的不同人群接收信息,传播速度更快,范围更广。此外,中国电信以此为脚本制作了短片作为运营商5G官方宣传片,获得更广泛的传播。

记者手记:

记者首次尝试"现场实时解说+同期"的形式,还原了令人紧张的手术关键步骤、成功的历史时刻。为此,记者提前与专家沟通手术方案,在实时解说中将复杂的医学技术、专有名词转化为通俗易懂的广播语言。特别是"这里既没有病人也没有病床、主刀医生今天不用手术刀"等描述,留足了悬念,吸引受众兴趣收听。现场影像宝贵而丰富,作为少数能进入现场的人员,记者完整记录了3个小时的手术影像。特别是手术成功的历史性时刻,医生长舒一口气,继而全场爆发热烈掌声的同期声更显得真实、可信、激动人心。

节目播出后获得听众和专家的一致好评。尤其是手术现场音响真实、可贵,避免了以往重大手术事后补采的遗憾。这使得整个报道更具广播特色,故事性强、可听性强。

案例三:《新型大马力国产犁打破国外进口垄断》赏析

新型大马力国产犁打破国外进口垄断①

【导语】"大马力犁"是指与200马力以上的拖拉机配套的大型翻转犁。长期以来,受材料和设计加工等因素影响,"大马力犁"的生产技术一直被国外一些企业所垄断,造成了国产犁不耐用、农民追捧"洋犁"的现象。

秋收过后,一款新型国产大马力液压翻转调幅犁,驰骋在阡陌,它的成功研发,让"中国制造"再次打破西方技术垄断。

【记者】我现在所在的位置是八师一二一团的三十二连,大家可以看到我身后的这片棉田,已经全部采收完。随后,我身旁的这台220马力的拖拉机,将拖拽着这台新研发的翻转犁对农田进行深耕,让我们一起来看它的耕作效果。

【采访】我这款犁拿回来,犁了有3000亩地,最大的优点就是它找到了中心牵引点,犁沟直、平,拉着挺轻的。

【解说】翻得好,犁得直,拉得轻,新疆农垦科学院设计研发的这款犁让农机手王伟如获至宝。在此之前,这一系列产品已累计在6万多亩各种土质的农田上进行过工作测试。

【采访】我们这个犁在水稻田、麦田,还有玉米地,都进行了大量的实验,因为这几种地秸秆量比较大,要求翻垡性能要好。我们经过大量的实验,植被覆盖率在98%以上,接近100%,碎土性能要优于进口的犁。

【解说】要想比肩进口犁,除了科学合理的设计,造犁的材质是关键。为了解决这一难题,新疆农垦科学院与中国科学院金属研究所强强联合,历时三年的研发时间,将新型金属材料及工艺用于犁铲尖、犁柱等关键部件的生产,显著提高了部件的强度、硬度,同时兼顾高韧性,使其抗冲击性、耐磨性、耐久性相比进口犁有了大幅提升。

【采访】我们在高强钢的基础上,又喷涂了耐磨层,这个犁尖的寿命比进口

---

① 仲辉,吕阳,陈成.新型大马力国产犁打破国外进口垄断.新疆兵团卫视《兵团新闻联播》,2019－11－20. http://www.zgjx.cn/2020－10/14/c_139436532_2.htm.

犁提高了10%；犁柱这个材料，它的强度比进口的还提高了15%，就不容易变形、弯曲、断裂。

【解说】目前，国内大马力犁九成以上来自进口，主要集中使用在新疆、黑龙江、内蒙古等地的广袤农田。虽然已是立冬时节，在黑龙江的黑土地上，新研发的国产大马力犁破开冻土，将玉米秸秆深翻入农田，其作业效果依旧不输进口犁。看到巨大的市场前景，当地一家农机生产企业正计划首批生产100台新型大马力液压翻转调幅犁投放市场。

【采访】现在翻转犁大部分用的是进口的，20多万元一台，我们希望通过我们的努力把它（国产犁）降到10万元以下。我们预测，未来这个翻转犁会推出系列产品，对于我们来说，年销售额不能低于1亿元。

【采访】从目前看，长期被国外垄断的一项技术，我们终于有了突破。老百姓如果购买这种国产犁，它的性价比会大幅提高。如果我们的技术能够走向全国，那么我们这些科研人员，也是为国家做出了贡献。

推荐理由：

（一）新闻价值高

1. 展示了我国现代农业在科学技术上取得的卓越成就

我国正在增加农业机械化的使用，使传统农业向现代农业前进。2019年，我国农作物耕作收综合机械化率超过70%，小麦、玉米、水稻粮食耕作综合机械化率超过80%。农业机械化大量使用，减轻农民高强度劳动，降低农业生产的人工成本，使农业与工业化、城镇化发展达到平衡。2019年，我国的农业科技进步贡献率达到59.2%，比2010年提高了13.84%，取得超级水稻、转基因抗虫棉、禽流感疫苗等一批科技成果。2020年，我国农业科技进步贡献率达到59.2%，全国农作物耕种收综合机械化率超过70%，主要农作物自主选育品种提高到95%以上。

2. 突出了我国农业科技创新引领农业高质量发展

我国现在的农业产业发展处于高速发展的重要时期，农业产业化的同时对于新型高效的农机及与之配套的机械都具有较高的需求。而农业科学技术的研发与其他发达国家相比，存在生产规模、创新理念、应用性能等多方面的差距。这导致我国很多农具农器的大规模使用依赖国外进口，一些农用器具在一定程度上出现了长时间被国外进口产品垄断的现象。

农业科技创新能力不足是导致现代化农用机械国外进口垄断的重要原因。由于现阶段我国正推行城镇化发展,农村人口逐步减少,耕种人口随之下降,科学技术应用创新对我国农业增长的贡献率较低,不能适应现阶段的农业产业发展结构,其利用率、普及率,各区域间的农业科技水平差距十分明显。科技研究创新和推广应用与实际种植地的自然、地域等情况不能完全符合。

3. 反映了我国新技术武装现代农业,提升农业核心竞争力

通过技术创新、产业创新,新疆生产建设兵团的农机装备制造业正在不断由中低端迈向中高端。新装备的研发、推广和应用,在打破国外垄断的同时,将为我国农业现代化的高质量发展增添不竭动力。该作品及时反映了新型大马力国产犁打破国外进口垄断,全方位、多角度展示了我国大马力犁的研发、生产、实地应用等。

(二)荣获中国新闻奖

此则电视消息荣获第三十届中国新闻奖电视新闻类一等奖。中国新闻奖是经中央批准常设的全国优秀新闻作品最高奖,由中华全国新闻工作者协会组织评选,自 1991 年开始评选,每年评选一次,其权威性毋庸置疑。

政策解读:

(一)《国务院关于加快推进农业机械化和农机装备产业转型升级的指导意见》 发布日期:2018 年 12 月 29 日

1. 推进农机装备全产业链协同发展。支持农机装备产业链上下游企业加强协同,攻克基础材料、基础工艺、电子信息等"卡脖子"问题。引导零部件企业与整机企业构建成本共担、利益共享的新型合作机制,推进新型高效节能农用发动机、大马力用转向驱动桥和农机装备专用传感器等零部件研发,加快关键技术产业化。推动整机企业加强技术创新和内部管理,提升智能化制造水平和质量管控能力,探索开展个性化定制、网络精准营销、在线支持服务等新型商业模式。建立健全现代农机流通体系和售后服务网络,创新现代农机服务模式。

2. 优化农机装备产业结构布局。鼓励大型企业由单机制造为主向成套装备集成为主转变,支持中小企业向"专、精、特、新"方向发展,构建大、中、小企业协同发展的产业格局。根据我国农业生产布局和区域地势特点等,紧密结合农

业产业发展需求,以优势农机装备企业为龙头带动区域特色产业集群建设,推动农机装备均衡协调发展。支持企业加强农机装备研发生产,优化资源配置,积极培育具有国际竞争力的农机装备生产企业集团。推动先进农机技术及产品"走出去",鼓励优势企业参与对外援助和国际合作项目,提升国际化经营能力,服务"一带一路"建设。

(二)《国家质量兴农战略规划(2018—2022 年)》 发布日期:2019 年 2 月 11 日

1.加快提升农机装备质量水平。推进我国农机装备和农业机械化转型升级,加快高端农机装备和丘陵山区、果菜茶生产、畜禽水产养殖等农机装备的生产研发,大力推进主要农作物生产全程机械化,提升渔业船舶装备水平。到 2022 年创建 500 个主要农作物全程机械化示范县。稳定实施农机购置补贴政策,加强绿色高效新机具新技术示范推广。

2.高效农业机械化技术装备及设施集成应用。加快突破农业机械化发展瓶颈,提升农业全面机械化水平,到 2022 年,农作物耕种收综合机械化率达到 71%。引入物联网、人工智能等现代信息技术,改善设施农业生产环境,到 2022 年,新增 5000 万亩高效设施农业。

作品赏析:

(一)选题由来

随着新型农业产业的快速发展,农机对农用犁的韧性、耐磨性等方面都有了更高的要求。新疆农垦科学院在最原始的犁的基础上进行实验及零部件硬度、强度的提升,研发出了能够与大马力农机配套的新型高性能大马力犁。大马力犁是指与 200 马力以上的拖拉机配套的大型翻转调幅犁。长期以来,受材料和设计加工等因素影响,大马力犁的生产技术一直被国外一些企业垄断,造成了国产犁不耐用、农民追捧进口犁的现象。国产大马力液压翻转调幅犁的成功研发让中国制造再次打破西方技术垄断。

(二)编排分析

这篇电视新闻报道为典型的消息新闻,篇幅短小精悍,通过将几段简短的采访精心编排,为读者勾画出新型大马力犁的研发过程、生产使用状况以及市场前景。

　　经过新闻主播的简要概述,画面一转,记者来到现场,并站在已采摘的棉田旁边。画面镜头从辽阔的田地慢慢拉远,呈现出立在棉田上的农机,随后大功率拖拉机所配套的大马力翻转液压犁开始了耕作。镜头给到被耕作中的土地,接着是一段对农机手王伟的采访,侧面介绍了这款新型大马力液压翻转调幅犁,用最直白朴素的语言描述这款大马力犁的特点。画面不断在农机、被翻出的土壤和被耕作过的土地上跳转,对犁沟的特写强而有力地展示了农机的耕作效果。解说词包含了农机手所说的特点,并在这个基础上引出这款新型大马力犁的实验路程和在不同土地上的实验测试。

　　接着是对研究员的采访,新疆农垦科学院机械装备研究所研究员郑炫对不同土地大马力犁运作的植被覆盖率进行了详细介绍,突出说明这款新型大马力犁的性能已经优于国外的进口犁。同时音画不同步,展示了在田地实地实验测试的画面。郑炫介绍这个犁在水稻田、麦田,还有玉米地,都经过了大量的实验。因为这几种地的秸秆量比较大,就要求犁的翻垡性能要好。在经过大量的实验测试之后,发现植被覆盖率在98%以上,接近100%,碎土性能甚至优于进口的犁。

　　画面在科研室、车间及零部件生产流水线之间转换,将实验器材、零部件改装等画面一一呈现。新疆农垦科学院机械装备研究所研究员戎利建从细节出发介绍了犁部件的研发创新:将新型金属材料及工艺用于犁铲尖、犁柱等关键部件的生产,显著提高了部件的强度、硬度,同时兼顾高韧性,使其抗冲击性、耐磨性、耐久性相比进口犁有了大幅提升。在高强钢的基础上又喷涂了耐磨层,因此这种零件的寿命比进口犁还提高了10%,犁柱的材料强度比进口的还提高了15%,使得大马力犁具有不容易变形、弯曲、断裂的优点。

　　画外音简述了目前国内大马力犁的使用情况,国内大马力犁九成以上来自进口,主要集中使用在新疆、黑龙江、内蒙古等地的广袤农田中。虽然已是立冬时节,在黑龙江的黑土地上,这款新研发的国产大马力犁破开冻土,将玉米秸秆深翻入农田,其作业效果依旧不输给进口犁。

　　从实操到生产再到大规模商用,因为巨大的市场前景,当地一家农机生产企业曾计划首批生产100台新型大马力液压翻转调幅犁投放市场。黑龙江德沃科技开发有限公司从商业角度去重新看待这款新型大马力翻转调幅犁。谈到国外进口翻转犁的昂贵价格,该公司董事长希望努力大规模地生产这款大马力翻转犁以降低需求者购买成本,让农民享受到最高的性价比,也希望减轻老百姓的生产负担,开拓国内大马力犁的新市场,此举也十分有利于我国农业产业的现代化发展。他对于这一款翻转犁系列的生产也具有美好的未来展望。

消息的最后,记者采访到了新疆农垦科学院院长刘景德。刘景德从大马力犁的研发使用出发,结合当下的国内外形势进行了分析。他认为长期被国外垄断了的这一项技术,在我国终于有了一个突破,这款大马力犁的投放销售也为农田耕作提供了一个新的选择,性价比能提高几倍。如果新疆农垦科学院的这项技术能够走向全国,那么随之而来的是更加具有意义的一次创新和成功,科学院科研人员夜以继日的努力,为国家发展农业科技做出了突出的贡献。

(三)社会效果

这篇新闻消息作品在新疆兵团卫视频道《兵团新闻联播》栏目播出后,好评如潮,影响广泛,先后被多家媒体转发,兵团在线、搜狐网等多家网站相继转载。这篇电视新闻报道还得到了新疆维吾尔自治区和新疆生产建设兵团主要领导、新疆生产建设兵团农业局、新疆生产建设兵团科技局等相关部门的关注。

通过新闻报道的逐渐扩散传播,新疆、内蒙古、黑龙江的不少农机合作社在收听收看之后希望新型国产犁能尽快批量生产,以采购此款高性能、高性价比的大马力犁。而一些农机生产企业则希望能继续和中国科学院、新疆农垦科学院相关科研团队合作,生产出更多适合不同地域大马力拖拉机使用的大马力犁系列产品。同时,随着新型大马力犁的投放生产和媒体的不断转发,进口大马力犁长期垄断市场的局面,也被逐渐打破。

(四)报道策略

作品从田间地头出发,将报道中心从实地应用拉到实验室研发再到产品的商业影响,其中穿插对实操农机手、研究所研究员、农机科技合作公司人员的采访。报道节奏不快不慢,适中的节奏也使得作品条理更加清晰,叙述内容简单易懂。由于该作品的受众基本上是需要进行大规模耕种的农民或是农机合作社、有相关业务的农机生产公司等,新闻消息中的语言都较为通俗易懂,涉及产品生产科学技术的方面也没有什么晦涩难懂的技术知识,这极大地增加了新闻作品的可读性以及易读性,有助于作品的广泛传播。

(五)传播渠道

该报道在新疆兵团卫视频道《兵团新闻联播》栏目播出后,先后被多家媒体转发、转载。作为新疆农垦科学院与新疆生产建设兵团合作研发的新型产品，从立项、研发到试生产的各个阶段都受到了自治区和生产建设兵团主要领导的长期关注，所以作品在兵团广播电视台上发布无疑是向所有关注此农业科技项目的人群进行一次最佳的汇报展示。

本篇电视报道集声、画、字、色于一体，富有极强的感染力，新型大马力犁破开冻土的声音、坚硬土地被翻开后的碎土、车间工作者的研究生产都给受众一种非常直观鲜明的感受。有别于文字描述的单一性，电视画面从多种感官为受众呈现一个立体的画面，这对于这篇新闻作品的传播来说是很有帮助的。电视新闻的覆盖面也很广，家家户户都可以收看。电视作为较具有娱乐性的传播媒介，对于受众来说不可缺少并且可信度高。

记者手记：

我国是一个农业大国，然而长期以来，我国的大马力犁九成以上依赖国外进口。新疆生产建设兵团作为我国农业现代化示范区，为了打破大马力液压翻转调幅犁这一国外进口垄断，开始研发生产新型大马力国产犁。从项目立项到实验研发再到产品试生产的各个阶段，新型大马力国产犁一直受到自治区和生产建设兵团主要领导的长期关注。新疆农垦科学院与中国科学院金属研究所联合，历时三年研发，取得重大突破，我国科技创新在农业领域取得了又一重大成就。

得知这一确实信息后，记者历时一年时间，先后奔赴辽宁、黑龙江、内蒙古和新疆等大马力犁应用广泛的地区，不辞辛苦、不远万里地深入田间地头实地考察，走访数个科研院所，采访各地农用机械生产企业，对我国新型大马力犁的研发、生产、实地应用，进行了全方位、多角度的认真解析和详细报道，同时也见证了我国农业一线科研工作者通过科技创新掌握核心技术、打破国际垄断的中国速度。

案例四:《全景体验"永不落幕"的线上世园会》赏析

全景体验"永不落幕"的线上世园会①

"永不落幕"线上世园是由经济日报·中国经济网与"北京世园局"联合制作而成,也是经济日报·中国经济网首次将全景漫游技术与国际性园艺博览会等大型展览博览推介宣传相结合推出的全景融媒体产品。

"永不落幕"线上世园漫游导览系统基于1万余张高像素的北京世园会内园区照片制作而成,经过图片筛选、软件生成、全景拼接等技术处理后,集合成为"全景漫游导览系统"。系统包含了北京世园会内近80个展园亿级像素的全景导览图、100余个全景点位、200余个引导性漫游点位的线上漫游导览专题图集。

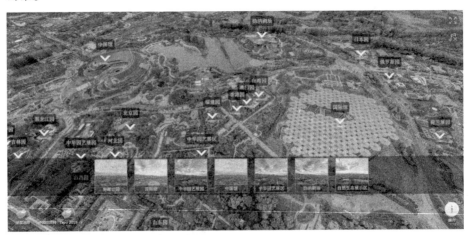

线上世园会全景图

经济日报·中国经济网与北京世园会携手打造"永不落幕"的线上世园,将北京世园会的美好景色永久印刻在一张张全景图片中,汇集成具有纪念意义的"全景世园纪念册"。您可以通过放大或缩小场景观察北京世园会各场馆的各个细节,也可以通过点击、拖动去感受"第一视角"的世园之美。

---

① 中国经济网.全景体验"永不落幕"的线上世园会[EB/OL].(2019 – 09 – 10)[2021 – 09 – 30].http://vr.ce.cn/panonews/2019/x/2019expo/.

推荐理由：

全景体验"永不落幕"的线上世园会是首次将全景漫游技术与国际性园艺博览会相结合推出的融媒体产品。2020年11月，该作品获得第三十届中国新闻奖页（界）面设计类一等奖。该作品将北京世园会的美好景色永久印刻在一张张全景图片中，汇集成具有纪念意义的"全景世园纪念册"。

（一）主题鲜明，风格独特

作品能够完美地、准确地展示新闻内容。作品主要利用全景拍照技术，从高空俯瞰世园会全景，可在图中一览110个国家、国内多个省市和120个非官方参展者的整体面貌，同时可支持缩小、放大自由观看；点击全景图片中的点位，还可以观看80多个场馆、展位的具体细节。用户可进入全景照片营造的真实环境中漫游，实现线上的游园体验，此外还有语音播报配合园区内全面的点位照片。点位之间的导视图标清晰易识别，轻松实现园区点位间的无缝跳转，达到沉浸式体验参观效果。该作品打造了足不出户、永不落幕的数字化线上体验。

（二）富有创意，形式新颖

本作品是国内首个将全景技术与国际性园艺博览会相结合推出的融媒体新闻产品。从传统"图＋文"报道形式，到"全景＋新闻"的新形态，"全景新闻"提升了新闻内容传播的有效性，全景技术与图片、视频、文字相结合，既提升了新闻传播时受众的兴趣点，促进了新闻内容的切入和展开，又避免读者把注意力只集中在新奇的场景体验上而忽视新闻内容。

"永不落幕"线上世园会的新闻展现新形式，让新闻与读者之间产生了交互，看新闻像"玩游戏"一样，受众可以自主寻找角度、放大细节、体验场景，增强了网民的参与感，让读者体验从"阅读"到"进入"，把传统的"看新闻"升级成"进入新闻"。

（三）制作精良，细节精致

作品拍摄1万余张高像素的北京世园会实地照片，再运用软件进行处理，制作成具有沉浸式漫游体验感的全景图合集，对北京世园会中华园艺展示区、世纪园艺展示区、植物馆、国际馆、中国馆等多个区域进行了720度全景展示。作品不仅运用了无人机拍摄、单反拍摄等传统采编技术，同时也使用了全景图片拼合技术、全景新闻生产制作技术、人工智能语音生成技术等新型新闻采编技术。

作品首次集中采用自主知识产权的新型技术参与国家级大型活动的报道，探索出了快速采编、集中制作、批量生产的技术应用工作机制和经验。作品制作精良，符合读者阅读习惯，体现了新闻性、艺术性和网络特点的完美统一。

（四）内容丰富，脉络清晰

"永不落幕"线上世园会对北京世园会中的中华园艺展示区、世界园艺展示区、植物馆等多个区域进行了 720 度的全景展示。读者可以通过放大或缩小场景观察北京世园会各场馆的各个细节，也可以通过点击、拖动去感受"第一视角"的世园之美，还可以根据喜好点击"场景选择"进行景区场景切换，生动再现了 2019 年北京世园会开幕时的美景。

"全景 + 新闻"提升了新闻内容传播的有效性，全景技术与图片、视频、文字相结合，既提升了新闻传播时受众的兴趣点，又促进了新闻内容的切入和展开。

政策解读：

（一）2018 年 10 月 20 日，中共北京市委、北京市人民政府印发《关于推动生态涵养区生态保护和绿色发展的实施意见》的通知

以习近平新时代中国特色社会主义思想为指导，全面贯彻党的十九大和十九届二中、三中全会精神，认真贯彻习近平总书记对北京重要讲话精神，深入落实《北京城市总体规划（2016 年—2035 年）》，牢固树立和践行绿水青山就是金山银山的理念，顺应人民群众对优美生态环境的新期待，将保障首都生态安全作为主要任务，坚持加强保护不断扩大生态环境容量和提高生态环境质量，坚持绿色发展不断增强内生发展动力，坚持服务民生不断缩小基础设施建设水平和公共服务能力差距，坚持改革引领不断完善制度保障体系，统筹实施"两山三库五河"生态保护，系统推进"一城两带多园"绿色发展（"一城"指怀柔科学城，"两带"指长城文化带、西山—永定河文化带，"多园"指中关村科技园区生态涵养区各区分园、雁栖湖国际会都、2019 年北京世园会园区、2020 年世界休闲大会各会场、2022 年北京冬奥会冬残奥会延庆赛区等功能园区和绿色产业园区），走出一条特色化、品牌化、差异化的高质量发展之路，着力将生态涵养区建设成为展现北京美丽自然山水和历史文化的典范区、生态文明建设的引领区、宜居宜业宜游的绿色发展示范区。

健全生态保护补偿机制,守护好绿水青山。切实保障生态涵养区的基本权益和发展权益,按照"少取、多予、放活、管好"的原则,优化完善体制机制,进一步完善市场化、多元化生态保护补偿机制,巩固提升生态涵养保护水平和生态环境质量,推动生态保护投入保障由政府"一家扛"转为政府、企业和社会"多家抬",实现多元主体共建共治共享。

(二)2019 年北京市延庆区人民政府工作报告

深入贯彻党的十九大精神,坚持以习近平新时代中国特色社会主义思想为指导,以习近平总书记视察北京重要讲话精神为根本遵循,认真践行可持续发展理念。全面落实 54 项生态环境保护措施和 34 项可持续性承诺任务,保障绿色施工。

实现高效保障。落实属地责任,全力保驾园区建设及运营,配合完成园区场馆、园林景观、世园酒店、安保中心等全部建设任务。主动对接园内商户需求,做好工商注册等各项服务,确保顺畅运营。

高质量发展园艺产业。深入实施促进园艺产业发展指导意见和政策措施,加快建设现代园艺产业集聚区,持续壮大"一区多园",扩大园艺产业发展空间载体。用足用好现代园艺产业创新中心,做实做强创新平台,重点推进康庄设施园区提升改造和平台化运营,加快建设农场科研中心和智能温室,承接"中农富延"等重点项目落地。深入对接世园会参展园艺企业和科研机构、行业组织入驻现代园艺产业创新中心,加快承接世园会新优园艺成果、园艺技术等就地转化推广。继续推进产业园用地和重点项目建设,推动一批产业融合型园区会时运营。

作品赏析:

(一)选题由来

2019 年 9 月 10 日,中国北京世界园艺博览会组委会在京举行 2019 北京世园会闭幕式,为期 162 天的世界园艺盛事正式落下帷幕。本届北京世园会的园景充分契合着"绿色生活·美丽家园"的主题,为无数前来参观的游客带来了美不胜收的园艺设计和弥足珍贵的生活理念。

世园会开幕期间,经济日报融媒体对开幕活动进行了全景式的采访报道,采访了多家场馆和展区、参展商、建设者和参观者,呈现了世园会的开幕盛况和魅力,受到广泛关注。《经济日报》刊发世园会报道80余篇、新媒体产品140多条,报道《绿色发展昭示未来》《妫水河畔展开美丽新画卷》《装点美丽中国 共享绿色家园》、新媒体产品《假如植物会说话》等广为传播,让北京世园会为更多人认识、了解,让北京世园会的精彩走进千家万户。

为打造"永不落幕"的线上世园,在北京世园会闭幕之际,经济日报·中国经济网携手北京世园会,上线发布全新的"永不落幕"线上世园全景漫游体验系统。闭幕式上,线上漫游导览系统在北京市延庆区北京世界园艺博览会园区启动上线仪式。希望通过这种全景沉浸式体验的形式将美丽的世园风景完美地保留下来,也希望通过线上导览这种新奇的沉浸式体验,制作一款专属于北京世园会的"影集纪念册",将游客与北京世园会的共同记忆留存,将北京世园会的珍贵纪念传递给更多的人。

(二)作品分析

1. 标题简明清晰,增强传播效果

标题开门见山,通俗易懂,比较口语化,信息量也十分充足,涵盖了本文所要凸显的全部意义。通过关键词的运用,取得了抓人眼球的效果,引起了读者对"永不落幕"这个话题的兴趣,提升了新闻的价值。

2. 界面设计合理,操作方便快捷

根据所要表达的主题进行界面整体布局,采用滚动导航技术和超链接技术,在为读者提供信息的同时,综合运用图片、文字、声音等,使读者在阅读新闻信息时一目了然。

3. 多媒体传播,阅读体验多样

网页设计不是单一途径的信息传播,而是将媒介信息进行整合,多渠道、多媒体传播,相对于报纸、杂志、广播电视来说,更具有表现力。作品清新自然,赏心悦目,展现出独特风格,很容易吸引读者的点击阅读。

作品给读者提供了碎片化的阅读体验,读者不需要占用大量的或整块的时间,只需要利用生活或工作的间隙,比如吃饭、排队、坐车等琐碎时间,通过手机等移动端轻松了解信息。作品展现手法多样,文字、图片、声音共存,给读者带来了多样化的阅读体验。

（三）报道策略

从传播上，中国经济网是首个将全景新闻产品直接整合展示到网站页面、移动手机页面的新闻网站，读者可直接打开网页进行浏览，充分发挥了中国经济网作为重点新闻网站向受众传递有价值信息的优势，同时也探索了线下实用技术与线上新闻传播融合的应用，为更多新闻报道提供了思路创意及可行性实施方案。

1. 报道的范围和重点

在《全景体验"永不落幕"的线上世园会》的报道中，"全景看世园"线上全景漫游导览对于北京世园会而言，有着特殊的意义，它是北京世园会的"纪念册"。读者可以通过点击、拖动去感受"第一视角"的世园之美，也可以通过手机或者电脑将喜欢的世园场馆与家人、友人一同分享。记者对于报道范围和重点的把控，为世界园艺博览会积累了值得珍藏的一手资料，社会影响较大，对北京市的旅游业也有重要的意义。

2. 报道的规模和进程

此次"全景看世园"线上漫游导览系统是经济日报·中国经济网首次将全景漫游技术与国际性园艺博览会等大型展览博览推介宣传相结合。2019 年 4 月至 7 月，该系统由中国经济网投入大量人力及设备，并启用拥有自主知识产权的全景新闻技术制作并完成。在前期工作中，记者在现场进行了扎实的前期准备工作，无论从报道的形式，还是报道内容上看，记者的准备工作都做得相当充分。

3. 报道的形式和手段

记者讲究媒体与受众的互动，读者在浏览过程中，可随意上下左右拖动、放大或缩小图片，也可以点击图片上的图标查看视频及文字介绍等内容，还可以根据喜好点击"场景选择"进行景区场景切换，获得更好的视觉体验感。该作品充分运用了媒体融合的传播手段，丰富了传播形态，提高了报道的覆盖面，保证了传播的实效性。

（四）传播渠道

《全景体验"永不落幕"的线上世园会》的体裁形式为页（界）面设计，是一款创新性的 720 度欣赏世园美景的全新融媒体产品，已通过 2019 中国北京世界园艺博览会官方网站首页、2019 中国北京世界园艺博览会官方微信公众平台、经济日报·中国经济网 VR 频道首页、中经云端 App 客户端、新浪微博"全景频道"等平台进行集中展示。这将让更多北京世园会关注者可以直接使用手机通过"全景看世园"的线上导览与北京世园会场馆内景进行互动沉浸式体验，也将吸引更多的线上系统体验者到园区场馆进行实地参观、游览。

思考题：

1. 产业科技创新类新闻报道的特点有哪些？

2. 如何增强农业技术类新闻报道的可读性和感染力？

3. 在农业技术类报道中，新闻媒体和记者如何强化基层意识？

4. 与传统媒体新闻作品比较，新媒体新闻作品有什么风格？

5. 你印象深刻的农业技术与产业科技创新类优秀新闻有哪些？请列举其中一篇进行赏析。

（本章组稿、撰稿：刘洪明）

第六章 文 化 篇

2019年3月5日,习近平总书记强调:"文化文艺工作者、哲学社会科学工作者都肩负着启迪思想、陶冶情操、温润心灵的重要职责,承担着以文化人、以文育人、以文培元的使命……要自觉践行社会主义核心价值观,在市场经济大潮面前自尊自重、自珍自爱,讲品位、讲格调、讲责任,抵制低俗庸俗媚俗。"①传播真善美,传递正能量,挖掘地方文化,弘扬社会文明,践行社会主义核心价值观,实现"以文化人、以文育人、以文培元"的初衷和使命,更是新闻工作者的责任和初心。本章将抓住"文化""文明"关键词,围绕"地方文化与社会文明"报道主题,选取新闻媒体在地方文化、社会文明采访与报道中如何发挥文化育人、文明示人,如何传递人间大爱,如何促进社会主义精神文明建设等新闻报道,通过一篇篇文化新闻、社会文明报道,归纳总结"地方文化与社会文明"新闻报道规律,从而体现基层新闻工作者对这一主题的新闻探索与实践,展示基层新闻工作者对这一核心主题的新闻行动与思考。

---

① 习近平.一个国家、一个民族不能没有灵魂[J].求是,2019(08).

案例一:《丢了一个钱包,这位老人在余姚却多了 一群"亲人"》赏析

丢了一个钱包,这位老人在余姚却多了一群"亲人"①

余姚新闻网讯(记者 吴洁)"大爷,你最近身体还好吧?我们一直牵挂着你呢……"4月23日下午,大城小爱城北供电所的志愿者汪春良和邹佳君一起来到了戴培祥老人的住所,将大城小爱城北供电所全体志愿者的"牵挂"传递到了老人的手中。

一个背影萦绕在心头不曾散去

大城小爱城北供电所的志愿者们为何会一直牵挂着一个素昧平生的老人呢?事情要从一个钱包说起……

3月29日傍晚5点多,城北供电所配电运维班的驾驶员汪春良在东江浅水湾小区附近捡到了一个钱包,抱着"急人之所急"的心情,他立马将钱包交到了凤山街道办事处,之后又通过凤山派出所辗转将钱包交还给了失主戴培祥老人。

原本只是一件小事,但是老人却时刻铭记在心,在了解了"好心人"的联系方式和工作单位后,老人专程上门感谢。

汪春良和同事们热情地接待了老人。在交流中,他们了解到老人是江苏省金湖人,是一名退伍军人,在余姚生活已有十几年,曾多次见义勇为救人,平时以收废品为生,现独自租住在中江浅水湾附近的民房里,靠着微薄的补助度日,生活比较困难。

"那天,望着老人骑着破旧的三轮车远去的背影,我们的心头都有一种难以言喻的感觉,他的背影也久久萦绕在我们的心头不曾散去。"汪春良告诉记者,所里的32名党员和他一起凑了2870元善款,虽然不多,但是希望能帮助老人改善一下生活。

---

① 余姚新闻网.丢了一个钱包,这位老人在余姚却多了一群"亲人"[EB/OL].(2019 - 04 - 24)[2021 - 09 - 30].http://www.yynews.com.cn/system/2019/04/24/011984148.shtml.

以后我们就是亲人

走进戴培祥老人租住的小屋,汪春良和邹佳君的鼻子有点微微发酸。只见老人居住在一个仅五六平方米的房子里,一张床,一个燃气灶,还有各式各样老人捡来的废品,这些已是房间里所有的摆设。

"真是太谢谢你们了!让我找回了钱包,还这么关心我,余姚的好人真的很多!"看到自己被这么多人牵挂着,戴培祥老人一直感叹着余姚是一个有爱的城市,"2012 年,我在西站附近收废品时,救起过一个落水儿童。当时看到我救人的群众,现在每次看到我都会主动买饭给我吃,或者想给我点钱,也不肯告诉我他们的姓名……"

"大爷,你做了这么多好事,这就叫好人有好报!你房间里电力安全隐患挺多的,以后我们所里的同事会定期来为你进行电力维修和检查,逢年过节我们的志愿者们也会来看你,你有什么困难都可以告诉我们,千万要保重好身体!"汪春良握着老人的手,告诉老人,虽然老人在余姚没有亲人,但是可以把他们当作亲人。

丢失了一个钱包,戴培祥老人却多了一群"亲人",余姚也因为这样一个有爱的故事而变得更加温暖。

推荐理由:

如何讲好爱心故事?能不能讲好城市文明故事?新闻记者都会去思考这些宏大主题。讲好城市文明故事、传播城市文明形象,是所属地方媒体记者的责任。余姚新闻网推出的消息《丢了一个钱包,这位老人在余姚却多了一群"亲人"》无疑是一篇讲好城市文明故事、传播城市文明形象的范例。消息通过一个丢失的小小的钱包,引发余姚志愿者牵挂一个丢失钱包的老人的故事,传递暖心的余姚大爱,传播余姚城市文明故事。这也是 2020 年余姚能够蝉联"全国文明城市"的一个缩影。此消息稿主题重大,故事平实感人,报道手法别出心裁,结构独具特色,获得 2019 年度宁波新闻奖县市报好新闻奖三等奖。

政策解读:

《全国文明城市(地级以上)测评体系(2018 年版)》对全国文明城市赋予了新的定义:经济建设、政治建设、文化建设、社会建设、生态文明建设和党的建设全面发展,市民文明素质、城市文明程度、城市文化品位、群众生活质量较高,崇德向善、文化厚重、和谐宜居、人民满意的城市。

2021年版则呈现出5个方面的变化:

一是更加突出政治要求,将"信仰坚定"加入文明城市的定义之中。

二是更加突出精神文明,相关指标占比从29%提高到了40%。

三是更加突出民生导向,在测评指标总量精简的大前提下,与民生相关的指标占比大幅提升、要求进一步提高。

四是更加突出群众主体,群众满意度最低标准由85%提升到95%,群众参与率最低标准由95%提升到98%。

五是更加突出城市核心竞争力和综合实力,新增了完善科技创新体制机制,提升全社会研发支出占比和全员劳动生产率等指标。

对照《全国文明城市测评体系》,余姚市先后成为首批浙江省文明城市、首批浙江省示范文明城市。2017年,余姚市成功获评第五届全国文明城市,同时也是宁波市首个荣膺此项荣誉的县(市、区);2020年,余姚市蝉联"全国文明城市"。

正是在这一背景下,发掘和展现文明城市如何变得很暖人,普通市民如何感受到文明城市的气息,成为地方媒体报道的重要关注点。通过一个个具象、生动的新闻报道,讲好城市的故事,讲好城市文明的故事,传播城市文明形象,提升城市市民文明素养,是媒体人的责任,也是媒体人的义务。

作品赏析:

讲好余姚"有爱"的故事,从一个钱包说起

新闻要学会讲故事。新闻故事化已成为新闻记者在新闻采写中运用得越来越多的一种方式,不仅增强了新闻报道的真实性与可读性,更增强了新闻报道的人情味与趣味性,体现新闻记者的新闻情怀,突显新闻报道的人文精神,也使新闻进一步拉近与受众的距离,新闻进一步走进受众,从而提高新闻的接近性。

在2019年度宁波新闻奖县市报好新闻奖中,刊登在余姚新闻网上的《丢了一个钱包,这位老人在余姚却多了一群"亲人"》获得三等奖。该作品以一个钱包引发一份牵挂的爱心故事,描绘了一个有爱的余姚故事:一名从外地来到余

姚,在余姚生活已有十几年的退伍老兵,靠拾荒维系生活。因为一次钱包的丢失,这位老人受到余姚志愿者的牵挂、关心和帮助,生动体现了余姚在文明城市创建中的爱心传递。

我们都知道,消息一般由标题、导语、主体、结语和背景五个部分组成。

从新闻标题的特点来看,标题具有准确、简洁和生动的特点。准确是新闻标题制作的基础,简洁是新闻标题制作的要求,生动是新闻标题制作达到的境界。

此文通过"四个一",即一个钱包、一个老人、一个地方和一群"亲人"将这些核心事实串联起来,准确提炼出新闻的主要内容;标题通过一个转折词"却"把"丢了一个钱包"和"多了一群亲人"看似无关的事生动地联系起来,起到了新闻标题引人思考的目的——"一个钱包的丢失"怎么会"多了一群亲人"呢?

新闻标题要简洁,在标题的制作中,通过字数控制来体现是一种可操作的方法。一般来讲,新闻标题的字数不超过 20 个。文中新闻标题《丢了一个钱包,这位老人在余姚却多了一群"亲人"》简洁地概括出新闻的核心事实。

新闻故事化贵在巧开头,开好头,写好导语段。开头采用引语式导语"大爷,你最近身体还好吧?我们一直牵挂着你呢……"直接引出新闻现场发生的主要事件"一个老人受到一群志愿者的牵挂"。在这句引语式导语中,"牵挂"一词含义深刻而生动。"牵挂"一词一般指亲人的牵挂,志愿者与老人非亲非故,用"牵挂"一词生动描述了志愿者与老人之间不是亲人胜似亲人的关系。同时"牵挂"一词更是设置了一个悬念,引发读者思考——这群志愿者为何要牵挂一位素昧平生的老人?而后紧接下来的交代叙述事情发生的时间、地点、人物、内容等新闻要素。

另外,导语写作之前,消息有个消息头——余姚新闻网讯(记者 吴洁),此消息头表明消息刊登媒体和消息作者,从消息头可以看出,这是一篇典型的消息,而且是一篇刊登在新媒体平台的消息。消息头的运用,是消息体裁与通讯、特写等其他体裁区别的重要标志。消息头一般要交代刊发媒体、时间、地点和记者名字等。

新闻故事化贵在巧谋篇,布好局,设计好主体。这篇消息通过巧设一个悬念开好头,接下来怎么把这个故事讲好,任务落到消息的主体部分。消息主体内容的安排首先要设置好结构,就像建房子,要搭好框架。结构设计得巧,就能把材料巧妙填充进去,把故事讲得绘声绘色,入脑入心。

消息结构形式一般有倒金字塔结构、金字塔结构(时间顺序)、悬念式结构(倒金字塔结构+金字塔结构)、平行结构和华尔街日报体等。

此文主体结构采用悬念式结构。悬念式结构吸收了倒金字塔结构和金字塔结构的优点,在文章开头设置一个悬念,把主要的核心事件交代清楚,把读者最关心的内容放在开头,采用倒金字塔结构依照事件的重要性安排材料,接下来采用金字塔结构即时间循序结构讲述事件发展经过,交代事情的详情细节。

文中主体部分,第二段开始,一句过渡句"大城小爱城北供电所的志愿者们为何会一直牵挂着一个素昧平生的老人呢? 事情要从一个钱包说起……"故事转场,讲到"四个一"的故事:一个钱包的故事、一位老人的故事、一个余姚的故事和一群"亲人"的故事。故事在不断转场过程中,曲折婉转,令人泪目。最后通过一个钱包、一份牵挂的故事,升华为文章主旨"余姚也因为这样一个有爱的故事而变得更加温暖"。文章结尾处,直接点题,概括主旨。

新闻故事化贵在巧切点,开好局,确定好主题。全文看似写的是一个老人在余姚丢了一个钱包,引发余姚志愿者无限牵挂的故事,其实这背后都是在传递一个重大主题——大爱的故事。如何讲好大爱的故事? 如果不精心思考、设计,难免会把这个大爱故事讲得晦涩、抽象甚至被认为是说教。此文巧在精心选择新闻角度。"以小见大"是新闻角度选择屡试不爽的一种写法,"小"一般指一个个小人物、小事件、小细节、小场景,"大"指大主题、大道理、大题材。此文通过一个老人丢失钱包这么一件具体事件作为新闻角度切入,记者通过深度采访,把这个丢失的钱包背后曲折婉转的感人故事层层剥离,诠释"小钱包"背后余姚城市"大爱"故事。余姚文明城市,城市文明这个"大"主题通过一个小小的钱包故事生动形象地表达出来,细无声地传递出余姚是一座有爱的城市。余姚城市形象也跃然纸上,余姚文明城市故事也生动起来。

案例二:《奉新:38 年坚持红白喜事简办 遇事随礼不超 20 元》赏析

奉新:38 年坚持红白喜事简办　遇事随礼不超 20 元[①]

这个春节,对奉新县干洲镇溪泮村水头自然村村民余细根来说,过得喜庆又有意义:他按照村红白喜事理事会的章程办了婚事,整个过程简单又节俭。

2 月 14 日,是余细根小女儿余淑敏出嫁的喜庆日子。一大早,笔者随镇村干部来到水头村,"婚丧新风进万家,移风易俗靠大家"等标语随处可见,宣传栏内还张贴着村规民约,让人感受到了村子的文明新风和蓬勃向上的活力。在村集资兴建的两层文化活动中心,村民们正围坐在一张张圆桌子边喝喜酒,祝贺余细根置办喜事,畅谈新年各自的种植计划、发展打算,其乐融融。"理事会规定,举办红白喜事仪式从简、规模从小、时间从短。"余细根说,"婚事简办,省心省力,不铺张浪费,我们觉得很有意义。"

水头村自古民风淳朴,邻里和睦团结。改革开放之后,周边村红白喜事随礼开始攀比。为刹住这种不良风气,弘扬文明新风,推进移风易俗,破除陈规陋习,村里于 1981 年成立了红白喜事理事会,拟订村规民约,对红白喜事的操办、村庄环境整治等做出明确规范约束。

通过建章立制取消大操大办,为婚丧事宜随礼标准划定"硬杠杠",杜绝了铺张浪费,大幅减少了水头村村民的人情和婚丧负担。"无论哪家有婚丧嫁娶、乔迁新居、老人做寿等红白喜事,村民不仅统一随礼,还规定摆酒席原则上不超过 14 盘菜。这样的'老规矩',我们一坚持就是 38 年。"村红白喜事理事会副会长余小秋称,"村规民约制定之初,曾遭到一些抵触,经过理事会做工作,逐步被村民们理解、接受,并为之叫好,使得村风民俗大为改观,务实从简的新风尚便水到渠成了。"

老规矩一改,新气象顿生。这么多年来,水头村村民的人情负担减下来了,

---

① 李开水,王静,刘丽云.奉新:38 年坚持红白喜事简办　遇事随礼不超 20 元.刘丽云,编辑.奉新县融媒体中心,2019－02－18.

厚养薄葬、喜事新办、丧事简办的新风树起来了,社会风气也愈加好起来了。"这是水头村今年举办的第 4 场红喜事,每一场喜事上的菜都吃得干净不浪费,大家都很高兴。"溪浒村村委会主任余鸿伟介绍道,"经过这些年村规民约潜移默化的引导,村民们不比阔气、不讲排场,一门心思发展产业,村里重型运输车达 32 辆,成了小有名气的货运村。大家赚了钱后,为村里的公益事业慷慨解囊,捐款三千、两千的有 10 多户,而不是把钱花在随礼上。"

余鸿伟指着水头文化活动中心一排又一排捐助名单告诉笔者,这个中心是用村民捐款建起来的,做了两间厨房,统一购置了桌子、凳子、盘子、托盘等一套置办酒席的用品,供村民举办红白喜事时免费使用。凡有村民在文化活动中心举办红白喜事,家家户户都有代表来主动帮忙买菜、洗菜、烧饭。据了解,为丰富村民的精神文化生活,村里还争取到上级的支持,在文化活动中心设置了藏书达 800 余册的农家书屋,每个周三、周六向村民开放。同时,村里还添置了一套音响、投影设备,供村民们卡拉 OK 和跳广场舞使用。

"现在我们茶余饭后,有点空闲时间就会邀伴到文化中心读书、看报、唱歌、跳舞,不仅锻炼了身体,还陶冶了情操。"在厨房帮忙洗盘子的卢成菊开心地说,"村里惠英舞队还在'舞动江西'2017 江西省'九江银行杯'奉新赛区广场舞大赛上获得了优胜奖呢。"

笔者了解到,水头村红白喜事随礼并不是一成不变的,份子钱从最初的 2 元,到 4 元、8 元,最近两三年再升至 20 元。村民余达聪拿出珍藏许久的有些泛黄的礼单,指着礼单上的名字向笔者说道:"1999 年,我儿子余鸿龙结婚时的随礼标准是 8 元,你看,余细阳 8 元,余水根 8 元……,每户村民随的礼都是 8 元。"

"20 元份子钱虽少,但村民不为人情所累,表达的邻里感情还是一样的浓。"干洲镇党委宣传员冯建国表示。

附电视新闻稿:

奉新有一个民风淳朴的地方,遇事随礼竟不超过 20 元。

都说咱这是"人情社会",要说社会上"人情味"最浓的地方,小编觉得宴席绝对是一大亮点。升学宴、结婚宴、庆功宴……酒席越办越多、越办越大,随礼的金额也越来越多。100 元、200 元、500 元……人情负担,压得人可谓身心俱疲!

在干洲镇溪泮村的水头组,为份子钱立了个规矩:遇事随礼不超过 20 元。

这里的村民一遇红白喜事却从来不需为送多少礼金而犯愁,无论哪家有婚丧嫁娶、孩子满月、乔迁新居、老人做寿等红白喜事,村民们统一随礼,这样的村规民约,已经坚持了 38 年。

30 多年来,无论哪家有婚丧嫁娶、孩子满月、乔迁新居、子女升学等红白喜事,家家户户都有代表来参加,并帮忙买菜、烧饭,村民们总是统一随礼。这随礼也并不是一成不变的,份子钱从最初的 2 元,到 4 元、8 元,最近两三年再升至 20 元。

卢成菊(奉新县干洲镇溪泮村水头组村民):我们村规民约都(规定了)准备 12 到 14 个菜,因为多了太浪费,(这样)我们帮忙的(人)又轻松,又不浪费,大家吃着又高兴又开心。

余鸿伟(干洲镇溪泮村村委会主任):我们村会一直这样坚持下去,倡导这个丧事从简,倡导厚养薄葬,红喜事不大操不大办,不铺张不浪费,倡导勤俭节约,倡导文明新风,共创和谐家园。

在"村规民约"的规定下,大家都相处得很和睦。份子钱过高除了会给一些村民造成不小的经济压力外,还会带来不必要的浪费。提倡厉行节约,反对铺张浪费,移风易俗要怎么做?或许干洲镇溪泮村给我们提供了一面可借鉴的镜子。

(奉新县融媒体中心)

推荐理由:

关于份子钱居高不下,媒体报道很多,相信普通群众都有一种难言之隐,甚至成为无言的诉说。如何让随礼回归理性,而不成为百姓的负担和人情债,各个地方都在探索和实践。《法制日报》2016 年曾以《治理份子钱离不开村规民约》对治理"份子钱"提出建设性思考。江西省奉新县融媒体中心推出的电视新闻长消息《奉新:38 年坚持红白喜事简办 遇事随礼不超 20 元》对于遏制份子钱,开展移风易俗、乡风文明建设无形中起到良好的示范引领作用。在一些农村出现婚丧大操大办等不良习俗的当下,此报道更是一股清流,具有典型性、指导性和现实性。此新闻稿获得第二十七届江西新闻奖电视新闻作品三等奖。此长消息事例典型,指导性强,具有现实意义。

背景介绍:

中共中央、国务院 2018 年印发的《乡村振兴战略规划(2018—2022 年)》中表示:"坚持以社会主义核心价值观为引领,以传承发展中华优秀传统文化为核心,以乡村公共文化服务体系建设为载体,培育文明乡风、良好家风、淳朴民风,推动乡村文化振兴,建设邻里守望、诚信重礼、勤俭节约的文明乡村。""深入挖掘乡村熟人社会蕴含的道德规范,结合时代要求进行创新,强化道德教化作用,引导农民向上向善、孝老爱亲、重义守信、勤俭持家。建立道德激励约束机制,引导农民自我管理、自我教育、自我服务、自我提高,实现家庭和睦、邻里和谐、干群融洽。积极发挥新乡贤作用。深入推进移风易俗,开展专项文明行动,遏制大操大办、相互攀比、'天价彩礼'、厚葬薄养等陈规陋习。加强无神论宣传教育,抵制封建迷信活动。深化农村殡葬改革。"

中共中央办公厅、国务院办公厅 2019 年 6 月 23 日印发的《关于加强和改进乡村治理的指导意见》中表示:"实施乡风文明培育行动。弘扬崇德向善、扶危济困、扶弱助残等传统美德,培育淳朴民风。开展好家风建设,传承传播优良家训。全面推行移风易俗,整治农村婚丧大操大办、高额彩礼、铺张浪费、厚葬薄养等不良习俗。破除丧葬陋习,树立殡葬新风,推广与保护耕地相适应、与现代文明相协调的殡葬习俗。加强村规民约建设,强化党组织领导和把关,实现村规民约行政村全覆盖。依靠群众因地制宜制定村规民约,提倡把喜事新办、丧事简办、弘扬孝道、尊老爱幼、扶残助残、和谐敦睦等内容纳入村规民约。以法律法规为依据,规范完善村规民约,确保制定过程、条文内容合法合规,防止一部分人侵害另一部分人的权益。建立健全村规民约监督和奖惩机制,注重运用舆论和道德力量促进村规民约有效实施,对违背村规民约的,在符合法律法规前提下运用自治组织的方式进行合情合理的规劝、约束。发挥红白理事会等组织作用。鼓励地方对农村党员干部等行使公权力的人员,建立婚丧事宜报备制度,加强纪律约束。"

乡村振兴、乡村文化发展、乡村文明建设、乡村治理等一列重大问题如何开展,在党和国家制定的方针政策的指引下,各级政府部门,特别是基层组织都在思考、不断摸索。新闻媒体通过走基层、转作风、改文风,去寻找、去发现、去采集、去报道基层政府、普通百姓乡村文明建设过程中涌现出来的典型做法,提出乡村文明建设、乡村治理建设、乡村文化发展、乡村振兴等各方面媒体视角和思考,写出更多与乡村振兴相关的建设性报道。

作品赏析:

新闻要化"有形"的事实为"无形"的力量

事实是新闻报道的基础,是新闻报道的源泉。没有事实就没有新闻,新闻来源于事实。新闻的力量在于用事实说话,通过采集、报道看得见的"有形"事实,化作看不见的"无形"的新闻力量,这是新闻报道的最高技巧,也是新闻报道的最高境界。

此文通过报道"奉新干洲镇溪泮村这样一个民风淳朴的地方,遇事随礼竟不超过 20 元"的"有形"事实,犹如一股春风吹拂在奉新、在江西、在全国,达到润物细无声的"无形"影响力,无论在当地还是放眼全国,对于推进乡村治理、加强民风民俗建设都产生莫大的震动。此电视作品《奉新:38 年坚持红白喜事简办　遇事随礼不超 20 元》在奉新县融媒体中心播出,以长消息体裁形式参评 2019 年度江西省新闻奖,获得第二十七届江西新闻奖(广播电视类)三等奖。

作为新闻记者,要发挥事实的力量,要选择事实变为新闻事实,首先要抓住事实的变动。变动产生新闻。事实的变动性考验新闻记者的职业敏感力和发现力。在当前大多数群众为人情所困,人情债务高筑,"份子钱"居高不下的大背景下,奉新融媒体中心记者通过调动自己的"慧眼"、勤劳的"双脚",采访调查发现一个"遇事随礼竟不超过 20 元"的溪泮村。溪泮村"份子钱不超过 20 元"其事件的显著性立马凸显出来,其新闻价值立马显现出来,新闻主题(移风易俗、乡村文化建设)立马表现出来,也体现了地方记者的新闻发现力和敏锐力。

新闻用事实说话,新闻用典型事实说话。新闻事实的典型性更具有新闻报道的说服力和影响力。在当前广大农村,遇事随礼,份子钱年年涨、节节高,村民苦不堪言。不堪重负的社会背景下,《奉新:38 年坚持红白喜事简办　遇事随礼不超 20 元》这篇报道,对变味的份子钱"说不",无疑产生重磅效应。记者通过"慧眼"挖掘采访报道奉新一个乡村"红白喜事简办,遇事随礼不超过 20 元"

的典型做法,解剖民风淳朴的溪泮村这只"麻雀"。记者通过采访事件当事人余细根(小女儿出嫁)、知情者(村民卢成菊)和有关人士(村红白喜事理事会副会长余小秋和溪泮村村委会主任余鸿伟),运用具体的看得见的事实,引用有现场感的直接引语,把"奉新溪泮村红白喜事简办,遇事随礼不超 20 元"这件典型事例立体全方位展示出来。"溪泮村"虽是"一只小麻雀",但其功能强大,事例典型,影响深远。

新闻报道还具有指导性,应充分发挥新闻报道的指导作用。新闻指导性功能的发挥,最有效的方式就是通过一个个典型的具体的事例,对广大受众的思想、行为和态度产生无形的力量,示范引领广大受众积极向上。"奉新溪泮村红白喜事简办,遇事随礼不超 20 元"这篇报道,不仅选择事实典型,而且具有很强的指导性和价值性,无论是在村规民约的践行、乡风文明的建设,还是在乡村治理的探索,都产生强大的社会影响力。

此文通过选取典型的事实,发挥其指导性的作用,做到事实的典型性与指导性的统一,充分发挥了有形的事实化为无形的新闻力量。

从电视长消息作品《奉新:38 年坚持红白喜事简办　遇事随礼不超 20 元》的整体来看,新闻标题制作准确、简洁。首先,准确抓住了三个核心事实"奉新""红白喜事简办""遇事随礼",把奉新乡村文明建设的先进典型做法报道出来。其次,将两个数字"38"和"20"提炼在标题中,非常醒目,给人留下深刻印象。再次,简洁介绍了奉新乡村文明建设的具体经验——38 年坚持红白喜事简办,遇事随礼不超 20 元。

新闻标题制作中,常用一些经典的、有代表性的数字拟在标题中,加深受众对标题的印象。

我们都知道,春节是中华民族传统佳节,很多群众会选择春节来办"乔迁""结婚""祝寿"等各种喜事,这也是一种常态。村民的请柬接踵而来,令人应接不暇。村民"为柬所困""为柬所累"。但对于溪泮村水头自然村村民来说,不仅不"为柬所困""为柬所累",反而觉得"有意义"。

"这个春节,对奉新县干洲镇溪泮村水头自然村村民余细根来说,过得喜庆又有意义:他按照村红白喜事理事会的章程办了婚事,整个过程简单又节俭。"这一消息开头导语段,开门见山、直截了当地交代了事件"村民余细根"春节"嫁女",既"喜庆"又"有意义",还交代原因"他按照村红白喜事理事会的章程办了婚事,整个过程简单又节俭"。这样的开头,引发电视观众去思考,"嫁女喜庆"好理解,怎么"有意义"呢?

电视长消息主体部分围绕"喜庆"和"有意义"展开叙述。通过记者所见所闻,对村容环境、宴席场景进行描述,突出了"喜庆"气氛;消息重点写"喜庆"背后"有意义"部分。为了把"有意义"部分说深讲透,记者先交代溪泮村村规民约38年发展历史,在执行过程中,消息注重平衡原则,既报道了村民对村规民约的争论,也报道了通过积极引导,村民对村规民约的遵守,以至村风村貌发生重大变化——乡村新气象、新风貌,乡村文化建设得到加强。

消息最后直接引用政府工作人员的话"20元份子钱虽少……邻里感情还是一样的浓"结束全文,点出意义,升华主题。

案例三:《千古技艺:鸬鹚捕鱼》赏析

千古技艺:鸬鹚捕鱼①

【解说】在中国传统的渔业生产习俗中,鸬鹚捕鱼就是其中之一,也是江南水乡的一道独特风景。据了解,如今除了少数旅游景区仍保有外,这种古老的捕鱼方式,正面临失传。

眼前这位撑着竹筏正在江面上用鸬鹚捕鱼的人名叫揭志强,家住江西省南丰县,今年47岁,家里世代都是渔民,从爷爷那辈开始用鸬鹚捕鱼,一直延续至今。

【同期】(江西省南丰县渔民 揭志强)我爷爷手上就开始(鸬鹚)打鱼。是这样的,有一个安徽的朋友来我们家,我爷爷接待了他,(让他)在我们家住,就这样跟他学会了(鸬鹚)打鱼。学会了打鱼,连我老爸、我,就是三代捕鱼,从我爷爷那时算起就是一百来年。

【解说】鸬鹚,也叫鱼鹰,善于潜水,能在水中以长钩形的嘴捕鱼。它们用翅膀帮助划水,脑袋则扎在水里追踪猎物。据揭志强介绍,鸬鹚捕鱼虽厉害,但驯养也颇为不易。

【同期】(揭志强)这个鸬鹚小的时候就要豢养好,像惯小孩一样,如果不豢养好,它就不行,它就不听话,不听话就抓不了鱼,它会乱跑。

【解说】训练鸬鹚捕鱼不但辛苦,而且投入成本也大,随着现代捕捞手段的多样化,不少渔民放弃了这一传统的捕鱼方式。

对于鸬鹚为何乖巧地将鱼送上而不直接吞食,揭志强介绍了其中的奥秘。

【同期】(揭志强)如果我们八点钟开始打鱼,要把稻草绳绑在它脖子上,不要让它(把鱼)吃到肚子里去。如果吃到肚里去,吃饱了就懒得动,不会做事。一般从上午8点钟打到12点左右,打完鱼就可以喂它。

【解说】随着当地渔业资源的减少,鸬鹚捕鱼产量也随之下降,原先渔民的后代,纷纷转行。目前,南丰全县只有揭志强一人养有鸬鹚,并坚守着这项

---

① 吴燕军,杨茜,黄伟斌,等. 千古技艺:鸬鹚捕鱼. 杨茜,胡义平,陈记昌,编辑. 南丰县融媒体中心(南丰县广播电视台),2019 – 02 – 28.

技艺。

【同期】(揭志强)我们南丰农民是靠种橘子、种田为生,这个打鱼是增加一点收入,全靠这个为生也不行,这个赚不到什么钱,南丰就是我们家还有这个鸬鹚打鱼,有人说不要打这个,打这个很辛苦,我们种田的人有空就去打一下。

推荐理由:

在老一辈的记忆中,鸬鹚捕鱼这一中国传统的渔业生产习俗,无疑是江南水乡的一道独特风景,也成为一代又一代人的乡愁。随着社会经济文化的发展,使用这一传统而古老的捕鱼方式的渔民越来越少,这一传统而古老的捕鱼方式正面临消失,这一非物质文化保护面临窘境。南丰县融媒体记者们凭借新闻敏感和社会责任,拍摄了一期电视新闻专题《千古技艺:鸬鹚捕鱼》,不仅为"千年技艺——鸬鹚捕鱼"保存了珍贵的影像资料,而且最大限度通过电视媒体向观众传播这一技艺、这一记忆、这一风景、这一文化,唤起人们的乡愁,唤起相关文化管理部门采取措施保护这一技艺,保护这一文化。这一作品获得第二十七届江西新闻奖电视新闻作品三等奖。

政策解读:

农业农村部在 2020 年 7 月 9 日颁布《全国乡村产业发展规划(2020—2025年)》,提出要"传承乡村文化根脉,挖掘一批以手工制作为主、技艺精湛、工艺独特的瓦匠、篾匠、铜匠、铁匠、剪纸工、绣娘、陶艺师、面点师等能工巧匠,创响一批'珍稀牌''工艺牌''文化牌'的乡土品牌"。

中共中央、国务院 2018 年印发《乡村振兴战略规划(2018—2022 年)》,提到"乡村优秀传统文化得以传承和发展"。

2011 年《中华人民共和国非物质文化遗产法》颁布实施;2017 年《关于实施中华优秀传统文化传承发展工程的意见》出台;2021 年中共中央办公厅、国务院办公厅印发《关于进一步加强非物质文化遗产保护工作的意见》;2021 年文化和旅游部印发《"十四五"非物质文化遗产保护规划》;2017 年江西省文化厅、江西省工信委和江西省财政厅联合制定《江西省传统工艺振兴计划》。

随着国家和地方有关非遗文化法律法规和政策的颁布实施,有关非遗文化法律法规越来越健全,全民的"非遗"保护意识越来越强,保护措施越来越有力。

作品赏析：

传播非遗文化，传承千古技艺，留住不变乡愁

作品主题重大突出。"传播非物质文化，传承千古技艺，传扬工匠精神，保护传统工艺，留住不变乡愁"是此专题片的中心思想，也是专题片要表达的思想内涵。"鸬鹚捕鱼"这一千古技艺，这一传统捕鱼方式日渐式微，面临消亡。对于年轻一代来讲，可能只在书本上看过，或只听上一辈说过，而没有亲眼见过。在此严峻时期，在此背景下，南丰县融媒体中心记者，凭着自己强烈的新闻敏感和强大的社会责任感，拍出具有重大社会意义的专题片《千古技艺：鸬鹚捕鱼》，为受众送上一道独具味道的视频大菜，让年轻一代了解这一老祖宗传下来的古老捕鱼技艺，也将上了年纪的长辈带回到过去的时光，为其留住心中不灭的淡淡的乡愁。

作品线索清晰有条理。文章通过"鸬鹚捕鱼"这条主线把"鸬鹚捕鱼现场""鸬鹚捕鱼传承人同期声采访""鸬鹚捕鱼技艺""鸬鹚捕鱼技艺面临后继无人的问题"这些主要核心事实串联起来，通过解说＋画面＋同期声（采访）的形式呈现出来，按照提出问题—分析问题—解决问题的结构组织全文。整个作品线索明朗，条理清晰。

从整个作品结构来看，专题片开头，即提出问题部分。记者通过一个远镜头和近镜头，"鸬鹚捕鱼"的现场画面慢慢地美美地展现在观众面前，水面上看到这一朦胧而又清晰、现实而又艺术的"鸬鹚捕鱼"场景，美极了，犹如一幅江南水乡艺术画。这一场景亦是"江南水乡的一道独特风景"。然而"江南水乡的一道独特风景"也可能很难看见了，记者笔锋一转，抛出一个严肃的沉重的话题："如今除了少数旅游景区仍保有外，这种古老的捕鱼方式，正面临失传。""失传"两字直击观众内心的痛楚，直击"鸬鹚捕鱼"发展面临的困境。这一问题的提出，令所有人都深思并反思。开头这样设计，体现了记者在新闻报道中的三种意识：问题意识、受众意识和政策意识。问题意识具有指向性和目标性，也体现了媒体人的职责和敬业，此专题片开头设计的问题就直指"鸬鹚捕鱼"千古技艺面临"失传"的问题；受众意识体现节目最终归属（受众）和传播效果的检验（受众的投票），此专题片"受众意识"是指关心关注"鸬鹚捕鱼"这一千古传统捕鱼方式和技艺的受众，引发受众对这一古老捕鱼技艺的思念；政策意识指的

是国家保护"非遗"文化各项政策的出台、落地和执行,为"鸬鹚捕鱼"这一千古技艺传承和发展带来政策性的保护。

分析问题部分,专题片主体——"揭秘'鸬鹚捕鱼'"。该部分不仅有记者的解说、现场画面,更有现场同期声的采访,使专题片更具有真实性、纪实性。通过采访"鸬鹚捕鱼"捕鱼传承人揭志强,通过他的讲述,专题片主体部分客观真实地报道了这一传统捕鱼方式的历史,运用拟人、比喻等修辞手法,生动地介绍了这一传统捕鱼技艺,准确反映了这一传统捕鱼方式的发展困境,折射出这一千古技艺面临失传的问题。现场同期声的运用,使作品的现场感、纪实性完整、流畅地展示了出来。

解决问题部分,即专题片结尾部分。专题片最后虽没有直接解决问题,但引出解决问题的深深思考。专题片通过引用"鸬鹚捕鱼"传承人的话"我们南丰农民是靠种橘子、种田为生,这个打鱼是增加一点收入,全靠这个为生也不行,这个赚不到什么钱,南丰就是我们家还有这个鸬鹚打鱼,有人说不要打这个,打这个很辛苦,我们种田的人有空就去打一下"直接作结,戛然而止。而作品留给无论是观众还是有关管理部门的思考一直在萦绕:如何让"江南水乡的一道独特风景"重现? 如何让"鸬鹚捕鱼"这一千古技艺永不失传?

作品结构完整,浑然一体,短小精悍。在视频时代特别是短视频盛行的时代,在快节奏的现实社会环境,一个视频作品要想准确、快速地引起观众的关注,不仅作品主题要符合收视要求,外在形式比如画面、作品时长也是一个值得思考的问题。专题片《千古技艺:鸬鹚捕鱼》整个作品时长 2 分 56 秒,就契合了当前受众的收视要求。时长虽不到三分钟,但整个作品完整统一,浑然一体,干净而不拖沓。无论开头与结尾的呼应,还是中间同期声访谈,都保证了作品的完整性和具象性。

作品理性而客观。针对这样一个"鸬鹚捕鱼"千古技艺面临失传的问题,作品没有过多介入主观情绪,也没有直接大声呼吁呐喊,而是通过客观展示事实,真实摆出问题,全面反映现状,用记者客观冷静理性的表达方式,用画面说话,用事实说话,用同期声说话。整个作品表现出理性而客观,但记者那担忧的心情(对"'鸬鹚捕鱼'千古技艺面临失传"的担忧)间接含蓄隐晦地表达出来了,记者那强烈的社会责任感、敬业的工作责任心表现出来了,作品留给受众、留给相关部门去思考、去行动的效果表达出来了。

案例四:《新干县融媒体中心主持人大赛》赏析

新干县融媒体中心主持人大赛

2021年8月,新干县融媒体中心联合县委宣传部、县文广新旅局、团县委共同主办了新干县首届主持人大赛。"主持人大赛"围绕社会主义核心价值观,深入挖掘新干本土优秀主持人才,通过一场场精彩的比赛,展示新时期新干人良好的精神风貌。为将大赛办得有质量、上水平,县融媒体中心在人员相对紧缺的情况下抽调播音、记者、编辑部骨干力量专门成立栏目组。栏目组充分发扬不怕苦、不怕累的精神,连续作战,努力创新节目形式。由主持人担纲栏目策划,创新大赛赛制,在展示个人主持才艺的同时,融入观众喜闻乐见的县情知识以及党史知识问答,积极发挥主流媒体的舆论引导作用,取得了较好的传播效果。

从7月20日组织宣传报名,到9月28日总决赛,整场比赛历时两个多月,共吸引168名选手报名。共有132名选手登上"主持人大赛"的舞台展示自我。栏目组根据疫情防控相关规定,比赛现场不设观众席,通过"新淦云"App及"新干发布"官方抖音号全网直播。栏目推出的10场比赛直播,进入直播间观众数超过了10万人次,点赞评论数也超过了1万条。这些数据,在全县常住人口仅为28万的新干县,较为真实地反映了"主持人大赛"所获得的聚焦关注。通过此次活动的成功举办,新干县融媒体中心既取得了一定的经济效益和社会效益,也在一定程度上提升了品牌传播力和影响力。

推荐理由:

大型文体活动以其持续时间长、影响范围大、品牌效益好等特点成为不少媒体提升其核心竞争力的重要手段。面对中央电视台的重装上阵,省级卫视的集团作战,腾讯、爱奇艺等网络平台的前后夹击,县级融媒体自然也不甘落后,奋起直追地办起了各类大型文体活动。作为地方电视台,其本身受地域、资金、行政、宣传等多方面的诸多限制。但有限制并不意味着不可能有作为、有突破。新干县融媒体中心联合有关部门整合力量,抽调中心各部室精英,精心组织策划实施,利用抖音官方账号"新干发布"和新干县融媒体中心的官方 App"新淦云",创新直播形式,为全县人民呈现了一场场现场零观众的精彩比赛。这场特殊的比赛直播,在疫情防控下能完美收官,既提升了相关人员的职业素养,也为广电事业储备了主持人才,既创造了良好的社会效益,也拉动了融媒体中心节目的收视,可谓一举多得。

作品赏析:

"小县城"亦可有"大作为"

真人秀节目从西方传入我国已久,主持人大赛更是在中央电视台、各个省台中早已耳熟能详。县级融媒体如何才能在活动中出新出奇出彩,把活动办好,办出影响力,办出品质,办出特色?

实施本土化战略。本土化战略是县级融媒体举办各种大型文体活动的必由之路,也是县级融媒体赖以生存和发展的法宝。因地制宜,找到适合本地特色的东西去创新,量力而行,从实际出发,结合本地的实际情况,结合本地观众的特点,结合本地的风土人情精心策划节目。

新干县位于革命老区吉安,在这片红色的土地上曾经发生过许许多多可歌可泣的革命传奇,也留下了无数珍贵的红色记忆。在这样一个革命老区,举办这样一场比赛,自然离不开正能量,离不开红色文化。新干县融媒体中心结合本地实际,结合党史学习教育热潮,巧妙地在比赛中融入了县情知识以及党史知识问答等环节。无论是初赛中的妙语连珠即兴抽取关键词讲话,还是复赛中的"谁与争锋"辩论,话题设置中,党史教育知识和县情知识始终贯穿全程。比如少年组 25 号选手曾欣怡模拟主持《走遍中国》,为大家推介革命摇篮井冈山、红米饭南瓜汤,忆苦思甜,打糍粑、住民宿,助力老乡脱贫致富奔小康。节目一经播出便获得了广泛的好评,直播间里的广大观众更是纷纷留言参与互动问答,这种带有强烈本土化特点的大型活动,一举多得,既为观众呈现了一场精彩的文化大餐,又弘扬了井冈山精神,为传承红色文化提供了一次良好的契机。

弘扬正能量,坚守舆论导向。县级融媒体在举办任何大型文体活动时都不可忽视其导向性。尤其是一些娱乐性、文艺性、竞赛性的大型文体活动,要乐得文明,演得得体,赛得公正,不能只求愉悦功能而忽视导向作用。县级融媒体举办的一些大型文体活动,大都与一些文化宣传部门联办、合办,就算是独家承办也需要与上级宣传主管部门进行必要的赛前沟通、拟订方案,标明需要注意的舆论导向和节目尺度等问题。纵观国内的一些大型文体活动,其中发生过不少因为内容低俗或不符合正确的舆论导向而停办,被广大人民唾弃的烂节目。这就要求县级融媒体在大型活动的策划过程中始终绷紧"安全生产"这根弦,先保证节目能顺利地通过审批,然后再考虑怎么样把节目做得精彩。新干县融媒体中心联合县委宣传部、县文广新旅局、团县委共同主办新干县首届主持人大赛,从始至终都在宣传正能量,做到了全流程的积极向上。话题始终围绕脱贫攻坚、乡村振兴、关爱弱势群体、革命先烈英雄事迹、爱党爱国、奋勇争先、奥运精神等展开。

学会借鉴与创新。创新是举办大型文体活动取得成功的基础。低水平的重复、复制,容易使受众感到乏味,也很难吸引受众的关注。新干县融媒体中心借鉴大平台成功经验,依托现有资源,找准定位,通过独家的视角,精心策划比赛流程,精选比赛内容,通过"新淦云"App、抖音官方平台、微新干公众号、新干台全方位追踪宣传报道。节目组精心策划了"闪亮登场""谁与争锋""命题演讲""动画配音秀""饶舌脱口秀""才艺百分百""妙语连珠""巅峰对决"等诸多环节,为观众呈现了一场场精彩纷呈的视觉盛宴。

强强联合,寻求双赢。对社会资源进行有效整合是赢得市场竞争的关键。在县级融媒体中心这种资金、技术、平台都相对较弱的地方媒体,合作联办大型文体活动是一种必然的选择。新干县融媒体中心广泛地利用社会资源和力量进行全方位的合作,解决了资金来源,分担风险,从而实现多赢。新干县融媒体中心在此次主持人大赛活动中,非常注意寻求与县委宣传部、县文旅局、团县委以及其他企事业单位合作,花大力气调动各方资源,得到了技术、资金、人才等全方位的支持,为比赛的成功举办奠定了坚实的基础,也为融媒体中心的品牌影响力扩大起到了关键性的作用。

总而言之,县级融媒体中心在以行政体制构建的电视产业结构下,几乎处于食物链的最底层,所面临的挑战也是多层面的。除了要面对上级电视台的强势冲击,移动互联网背景下的新媒体也虎视眈眈。想要在日趋激烈的市场竞争中站稳脚跟,举办大型文体活动无疑是一种提升县级融媒体中心影响力的绝佳途径。

"小县城"亦可有"大作为"。只要不断提升和丰富活动的质量和内容,不断创新和发展,同时大力实施本土化战略,县级融媒体中心定能突破瓶颈,最终在激烈的市场竞争中,赢得自己应有的一席之地。

记者手记:

当前,选秀类综艺节目在网络平台上、在不少省级乃至国家级电视台上风生水起、备受青睐。我们县级融媒体自然也想做点什么,但是资金、人才、影响力都有欠缺的我们到底能做点什么呢? 在一次中心召开的例会讨论中,有同事提出能不能举办一场主持人大赛,一来可以发掘优秀人才,为我们融媒体中心主持人岗位注入新鲜血液;二来也可以增强我们融媒体中心的社会影响力,增加点广告收入。与会领导和同事纷纷表示赞同。

以前,我们的精力大都集中在如何做好一个节目、办好一档栏目上,关注的是一个个具体的产品。受栏目时间和空间的限制,这些节目在规模、持续时间、品牌运作、影响力等方面相对较小,很难实现媒体价值的延伸。如果能立足现有渠道,操作一场规模大、持续时间长、品牌运作强的大型活动,影响力会迅速扩大,媒体价值也能得到提升。

说干就干,县融媒体中心迅速在人员相对紧缺的情况下抽调播音、记者、编辑部骨干力量专门成立栏目组。栏目组成员绝大多数是共产党员,工作中,大家积极发挥党员先锋模范作用,充分发扬不怕苦、不怕累的精神,连续作战;精心组织前期策划、广告营销,在较短的时间内与赞助商签订了独家冠名,也和新干本地有实力的知名企业签订了合作协议。与此同时,我们也迅速与县委宣传部、县文广新旅局、团县委几个部门联系沟通,最终形成了联合举办的决定。几个部门也为我们大赛的举办机制、赛程安排、内容和形式,在舆论导向和创意创新方面建言献策、把关落实。

受疫情防控的影响,中心上下对于在敏感时期举办这样一场活动其实还是有一些顾虑的。人员聚集的环境,就算戴口罩也不见得绝对安全,最终我们在请示了有关部门后,决定进行一场史无前例的现场零观众直播,将所有的比赛流程,都搬到了微新干公众号、"新淦云"App 和抖音号"新干发布"上进行。云报名、云比赛、云直播,这一举措极大地减轻了疫情防控的压力。

拉赞助,定赛制,发通知,搞直播,在大家的群策群力下,比赛最终得以完美呈现。自 7 月底,我们的主持人大赛公告发布之日起,不断有选手打电话过来咨询报名;在直播尤其是少年组和成人组两场总决赛直播时,云平台的点击量达到了前所未有的顶峰。一时间,新干的街头巷尾到处有群众在谈论这场比赛。9月29日,新干主持人大赛少年组总决赛之日,这场为期两个多月的大型活动终于完美收官。

面对残酷的市场竞争,面对疫情带来的压力,我们没有退缩,全中心上下充分发挥主观能动性,充分发挥媒体人特别能吃苦、特别能战斗的职业精神,克服了人力、物力方面的种种困难,立足本土,放眼未来,精心组织策划,绞尽脑汁创新,和主管部门密切协作,坚持正确舆论导向,向全县人民呈现了一场精彩的视觉盛宴,交上了一份满意的答卷。另外,值得一提的是,此次大赛除了取得较好的社会效益外,也为我台留下了三等奖以上的共六位选手,作为人才储备。

(徐　强)

案例五：广播剧《秋叶红了》赏析

吉安广播电视台自制广播剧《秋叶红了》

[一阵轰隆隆的炮火声]

水生："同志们，冲啊……"

（水生胸中奔涌着热血高喊着："同志们，冲啊……"他纵身一跃，勇敢地冲向敌人。）

战友们："为了新中国，冲啊！"

（战友们高喊着水生的口号。）

[四面八方，喊杀四起，群山回荡，喊杀声与回声层层重叠，回旋不绝]

[旁白]1934年秋，红六军团作为中央红军长征先遣队西征后，留守在湘赣边界的中共湘赣省委，退入铁镜山中，领导游击斗争。

[传来嘹亮绵长的苏区红歌和浣洗声]

兰香："啊呀嘞，红军阿哥你慢慢走嘞，小心路上就有石头，碰到阿哥的脚指头，疼在老妹的心里头……"

[溪流声和洗衣服的声音，几位女红军战士和兰香姐姐的嬉笑声]

女红军战士："兰香唱得可真好！"

[一阵急促的"毛哨"声、枪响声]

水生："有敌情，快掩护群众撤退。"

战友："水生，小心。"

[一声枪响，脚步奔跑声]

兰香："别出声，我拉你走。"

水生："这是哪里？"

兰香："这是我家的红薯窖，没人会发现你的。"

[踩踏声以及盖草声]

姐姐："不要让白军进村，兰香，你好生掩护他，我们引开白狗子往后山跑！"

（姐姐观察了敌情用低沉的语调说道。）

[旁白]兰香郑重地点了点头，说道——

兰香:"嗯,姐姐,你们千万要小心。"

姐姐和女红军战士(合):"我们在这,白狗子,你们来啊。"

[旁白]为了掩护省委机关的红军、引开敌人,姐姐和其他两位女红军战士相互呼喊着,将敌人牵制到了老鹰崖。老鹰崖崖深千尺,云雾缭绕,她们已无退路。

[枪声加炮声,震耳欲聋]

[旁白]姐姐回望了一眼鲇塘村,透出一脸的刚毅和自信。

姐姐:"我们是为革命的胜利而牺牲的,跳!"

[旁白]兰香给姐姐的新坟捧上一束野菊花,含泪道——

兰香:"姐,你到了那边,正好和爸爸妈妈团圆了,要照顾好爸爸妈妈啊。"

[狗吠等农村夜晚音效]

[旁白]松油灯下,兰香在给水生的臂膀疗伤。

兰香:"有点疼,你忍着点啊。"

水生点头道:"不怕,你尽管洒。"

[药水洒在臂膀伤口上的声音]

水生:"啊!"

(随后,水生控制不住,"啊"了几声。)

[兰香走到厨房,翻锅盖声]

兰香:"饿了吧,这是煮好的红薯,你伤成这样,还是我来喂你吧!"

水生:"谢……谢谢啊!"

(水生满脸感激。)

兰香:"慢点儿,别噎着! 今晚月色好,吃完了我们活动下筋骨,对你伤口也有好处!"

水生点头:"哎,好!"

[兰香搀扶水生,缓慢的脚步声]

兰香:"啊呀嘞,红军阿哥你慢慢走嘞……"

水生:"你也会这首歌曲啊?"

兰香:"嗯,姐姐教会我的,有些地方唱得不是很准。"

(兰香笑了笑,沉吟下,小声说。)

水生:"唱得很好嘛,韵味悠长,只是这个音调得往上扬,啊呀嘞……红军阿哥你慢慢走嘞……"

（兰香点了一下头，轻声唱道。）

兰香："啊呀嘞，红军阿哥你慢慢走嘞，小心路上就有石头，碰到阿哥的脚指头……"

[旁白]兰香唱到兴奋处手一抖，不慎碰到水生的伤口。

水生："哎呀!"

[旁白]水生忍不住叫起来，吓了兰香一跳，水生笑着唱道——

水生："碰到阿哥的小伤口……"

[旁白]兰香的脸绯红了，她赶紧扶着水生，小声说——

兰香："对不起啊，我……我给你再包扎。"

水生："不碍事，不碍事的，来，我们接着唱!"

[月色下回荡着两个人的合唱声]

[旁白]歌声中，水生和兰香的双手情不自禁地紧紧握在了一起。

[《红军阿哥你慢慢走》插曲渐入]

[旁白]几日后，水生寻找部队，给兰香留有一根红布吊条和精心做的"毛哨"放在窗台。

水生喃喃自语："兰香，我爱你，等我回来!"

[一阵狗的狂吠声和嘈杂声]

[旁白]一日，白军押着水生下了山。兰香迎上前去，水生不认兰香。水生被吊在一间大屋里，团长冬贵负责拷打。

团长冬贵："说，是不是共匪?"

水生："打死也不说!"

团长冬贵："嘴这么硬，看你说不说!"

[抽鞭子声]

水生："哼!"

团长冬贵："老子不信，看你能坚持多久!"（用力抽了几下）

[门外传来兰香向门卫的请求声，团长冬贵开门]

兰香："求你了，让我看一眼，就一眼，送点吃的。"

[旁白]团长冬贵翻了翻兰香的篮子。

团长冬贵："哟，新纳好的布鞋，还有热红薯，倒挺有心，我看不要操那份心吧,还是早点回去准备后事吧!"

兰香:"他是好人!"

团长冬贵:"好人?! 他是共匪的探子,抓他时还伤了我们几个人。"

兰香:"能救救他吗?"

团长冬贵:"你是他什么人?"

兰香:"是他妹子。"

团长冬贵:"没想到,这共匪的妹子长得倒是蛮标致。"

兰香:"是他没过门的老婆……"

团长冬贵:"可惜了,明天早上就把这共匪探子给砍了!"

兰香:"求你放了他吧,我给你当牛做马都可以。"

团长冬贵:"放了共匪,我怎么交差?"

兰香:"我只有他这一个亲人了,我给你磕头了!"

团长冬贵:"妹子呀,放了共匪,我也难过这个关的,除非你答应做我的老婆!"

兰香(迟疑道):"这……"

团长冬贵:"不然我凭什么冒这个风险?"

兰香:"你当真?!"

团长冬贵:"当真。"

[旁白]兰香颤抖着手,紧紧握住水生送的"毛哨"。

兰香:"我依了你吧……"

团长冬贵(激动得嘴角直抖):"好,好……"

[旁白]冬贵拉着兰香进入房屋,迫不及待掩门,使劲撕扯兰香的衣服。

兰香挣扎:"别,等等!"

团长冬贵(不耐烦地说道):"怎么,后悔了?"

兰香:"做你老婆可以,但是要答应我两个条件。"

团长冬贵:"什么条件?"

[旁白]兰香擦去泪,重重咬唇回道——

兰香:"一、立刻放了他! 二、我要明媒正娶,坐花轿。"

团长冬贵(色眯眯地笑道):"好吧! 美人,你在我眼里,是嫦娥下凡,你说的我都答应。明天我就用花轿娶你过门,来人啊!"

匪兵甲、匪兵乙(走进门):"团座,有何吩咐?"

团长冬贵:"这是我新娶的太太,明天给我搞一顶花轿,办几桌酒席,我要迎娶她进门,兄弟们一起乐乐。"

匪兵甲:"恭喜团座,小的马上去办。"

团长冬贵(对匪兵乙):"你把太太先安置到后院的书房,你们在外面要寸步不离地保护好她。"

匪兵乙:"遵命,团座! 夫人,请!"

[旁白]兰香悲痛地看了一眼水生,眼里噙着泪。团长冬贵走到兰香身边,悄悄说道——

团长冬贵:"美人,你先安心地去吧,我马上放了他,我要让你心甘情愿地跟着我。"

[旁白]看着匪兵乙带着兰香离去后,团长冬贵思索了片刻,猛喝了一壶酒,举着火把烧断了绑在水生身上的绳索,放跑了水生,然后把酒壶摔在草堆上,抱来一堆禾草点燃。

[火把声、喝酒咕嘟声,随后摔酒壶声]

团长冬贵(醉醺醺地喊):"着火啦,共匪跑了呀!"

[场景切换处理音效]

[锣鼓喧天,迎亲的唢呐声……]

[旁白]兰香穿着嫁衣,披着红盖头上了花轿。匪兵们抬着花轿走向祠堂,团长冬贵要在祠堂和兰香拜堂成亲。

[鞭炮声声……]

匪兵们:"恭喜团座,喜得美娇娘,真是享尽人间艳福呀!"

团长冬贵:"呵呵,老子看到你们嫂子第一眼腿都软了,今天是我的大喜日子,兄弟们多喝几杯,一醉方休,哈哈哈。"

匪兵甲:"团座,快去抱嫂子下花轿呀。"

[旁白]团长冬贵志得意满地掀起轿帘,披着红盖头的兰香端坐在轿中,纹丝不动。

团长冬贵:"夫人,请下轿。"

[旁白]团长冬贵伸手想拉兰香,哪知道手刚触碰到兰香,兰香突然身躯一软,倒在一旁,红盖头散落在地,鲜血从她嘴角流出,手中握着一只"毛哨"。

匪兵乙(惊叫)："太太咬舌自尽啦。"

[场景切换处理音效]

[旁白]1937年9月,国共两党开始合作。陈毅上了铁镜山,几经周折,把红军游击队带下山,改编为新四军开赴抗日前线。水生兴奋地、飞快地跑到兰香家。大门紧闭。

水生:"兰香,快开门。是我,我是水生呀。我当新四军啦,要开拔了,兰香,开开门吧。"

兰香妈(泪流满面地打开门):"是水生呀,兰香为了救你,答应嫁给匪兵团长,在迎亲的当天,咬舌自尽了。可恨的匪兵,把她的尸身抛在后山埋了,坟在哪里也不知道……"

水生(大惊,哭喊):"兰香,为什么会这样?"

[旁白]水生眼冒金星,失魂落魄地穿过村巷,跑过田垄,跨过溪流,奔向后山,他心里只有一个念头:兰香一定没死,她还在后山等着自己,一定要找到她……

水生(呼唤着):"兰香……我有好多好多话想对你说……兰香,你在哪里?"

[水生的呼唤声,山谷的回声]

[旁白]在一棵树下,水生找到了一只"毛哨",就是自己送给兰香的那只。水生泪流满面地捧起"毛哨"。山里的叶子,越来越红了……山风呼呼,树影婆娑。

水生:"啊呀嘞,红军阿哥你慢慢走嘞,小心路上就有石头,碰到阿哥的脚指头……"

[旁白]水生坐在自家门口,吟唱着和兰香合唱过的《红军阿哥你慢慢走》,水生的一头黑发,渐变成了满头白发。苍老的双手,紧紧握着的,是那只褪了色的"毛哨"……

[旁白]这首歌水生唱了一年又一年,唱得山里的叶子越来越红,唱得水生的头发越来越白,后来连山里的孩子都会唱这首歌了。

一个孩子:"爷爷,我唱得对吗?"

[旁白]终身未娶的水生没有回答,他望着从绿色变成红色的树叶,总觉得那叶子是兰香的鲜血染红的。那红叶由近至远,像火红的晚霞一山又一山,满

山红叶在秋风中低吟着,呼号着,化成了兰香的千古绝唱。

[兰香的声音]"啊呀嘞,红军阿哥你慢慢走嘞,小心路上就有石头,碰到阿哥的脚指头,疼在老妹的心里头……"

[旁白]兰香的歌声继续回荡在树林间、秋风深处。歌声将伴随着红叶永远响着,响着……

[歌曲《红军阿哥你慢慢走》回响在山岚之间]

推荐理由:

广播剧,又称放送剧、音效剧、声剧,是以语言、音乐和音响为手段的戏剧形式。广播剧没有可视组件,主要为播音员或配音演员所演出的戏剧。广播剧以人物对话和解说为基础,并充分运用音乐伴奏、音响效果来烘托气氛。作为一种新的形式,广播剧广泛运用于传统广播平台和网络新媒体平台中,作品《秋叶红了》即为地方媒体为传播红色文化、传承革命精神所创制的佳作,获得了广泛的社会反响。

用小故事讲好大历史。这可以看作是兰香与水生的爱情"小故事",也可以视作是井冈山斗争时期老区人民舍生忘死、牺牲奉献的缩影。这部广播剧,既有大背景上恢宏的政治时局、艰苦的战争生涯、残酷的现实场景,也有细致入微、感人肺腑的别样情怀。一如兰香和水生战火中的爱情,兰香姐姐和几位女红军战士舍身跳崖,拼死拯救红军等情节也感人肺腑。当听众听到兰香姐姐临死前的遗言,听到兰香为救水生违心地答应为匪团长之妻而在花轿中自尽时,无不为红军与老区人民的血肉之情所打动。推而论之,如果没有兰香她们的牺牲和奉献,就不会有人民的战士水生;如果没有千千万万个像兰香一样为革命流血牺牲的群众,就不会有今天的胜利。《秋叶红了》正是在饱含激情的描写中,又一次揭示了这样一个伟大的真理。其现实意义在于:告诫世人永远不能忘记过去!

以"生"写"死",生死刻画入骨入髓。整部广播剧通过拟音、旁白、插曲等有效的艺术手段,让故事一开始就扣人心弦。水生活了下来,成为新四军,为国家的独立、人民的解放贡献了他的力量,但他最爱的兰香却永远地死了,死在了她最美的年华,死在了多年前的那个秋天。兰香用一只"毛哨"、一首《红军阿哥你慢慢走》,融入了一年一开的红叶当中,生生不息、世世不灭。兰香死了,她的情与义融入了秋叶的骨血,扎在了水生的心中。

2021 年是中国共产党成立 100 周年,在全党全国学党史、悟思想的时刻,这样的一部广播剧不光是一篇论文、一堂党课、一出演讲,更是政治教育的一部好教材。它很好地诠释了"文艺为无产阶级政治服务""文艺为人民大众服务"的宗旨,体现了鲜明的政治敏锐性和时代洞察力。

作品赏析:

这是一部时代佳作。2021 年是中国共产党成立 100 周年,"四史"宣传至关重要。如何让党史学习教育"动起来""活起来",是摆在新闻工作者面前的一个课题。广播剧《秋叶红了》就给党史学习教育和革命斗争史,找到了一个好的表达渠道。

革命故事新的打开方式。革命战争年代不仅有炮火硝烟,也有浪漫温馨;不仅有家国大义,更有儿女情长。让革命故事与爱情故事完美融合,"有血有肉"地塑造了兰香和水生两个寓小爱于大爱的艺术形象,这部作品能在全省广电优秀节目评选中脱颖而出荣获一等奖,是实至名归的。《秋叶红了》广播剧题材好,主题鲜明,故事吸引人、感动人,在革命历史题材创作上迈出了新路。

剧名含蓄隽永,生动形象。兰香脆生生地唱着"啊呀嘞,红军阿哥你慢慢走嘞,小心路上就有石头,碰到阿哥的脚指头,疼在老妹的心里头",让兰香与秋叶都有了具象,仿佛一个温柔如水的女子,从漫山红叶中走来,一头乌发,一张笑脸,一口江南软语,一份意味悠长。

从创作之初的《枫叶红了》再到后来的《秋叶红了》,虽一字之差,却是字斟句酌、思忖再三的结果。枫叶如血,作者原意是以枫叶比喻鲜血,隐喻那些为中国革命流血牺牲的先烈。为了避免直白、生硬的"党史说教感",考虑再三后,作者将标题改为《秋叶红了》。秋叶是秋天之叶,秋叶红了就给人一种明确的指向性,那就是秋天的枫叶,如血般殷红。"生如夏花之灿烂,死如秋叶之静美",这秋叶静谧、美好的感觉就如同水一般柔情的江南女子——兰香。红既是喜庆热闹的色彩,也是生杀屠戮的血色。用这厚重惨烈的色彩,描绘人世间最美好真挚的情感,二者激荡之热烈,回味之久远,余韵悠长。

余音绕梁、回味久久。在短短 19 分钟的广播剧中,"啊呀嘞,红军阿哥你慢慢走嘞,小心路上就有石头,碰到阿哥的脚指头,疼在老妹的心里头……"这段客家民歌,多次穿插在剧中,仿佛一根若有似无的丝线,将一个个片段、一个个任务串联起来。音乐成为这部剧的魂与脉,似有还无,但又不可或缺,仿佛这样一首客家民歌,就是为兰香而作,就是为兰香和水生的爱情而作。该广播剧也让人摆脱了对《红军阿哥你慢慢走》就等同于电视剧《井冈山》这样一种符号式的固有印象。

记者手记:

为庆祝中国共产党成立100周年,吉安广播电视台早在几年前就认真筹划选题,并于2020年精心打造红色题材广播剧《秋叶红了》。《秋叶红了》讲述的是革命战争年代所发生的动人故事,浓墨重彩地讴歌了人民对革命战争的支持,同时讴歌了村民兰香与红军战士水生在舍生忘死的斗争中缔结的忠贞不渝的爱情。当水生被反动派抓捕入狱后,兰香用计智斗敌人,成功救出爱人,而自己却献出了宝贵的生命。红军战士水生无限怀念兰香竟终身未娶,几十年如一日地在精神上与逝去的兰香长相厮守,感觉那满山的红叶是兰香的鲜血染红的,那山风是兰香的爱情宣言。全剧紧扣"人民就是江山"这一崇高主题,情节奇特,个性鲜明,跌宕起伏,感人至深,这也是向中国共产党建党100周年献礼。

该剧一开始,一句"同志们,冲啊",一下子将我们带到了血雨腥风的革命战争年代。负伤的水生遇到了姑娘兰香,共同的崇高革命理想追求让美好的爱情故事水到渠成,两颗年轻的心紧紧地联系在一起。

因为是广播剧,声音就是全部的表达,除了角色的台词外,配乐也是至关重要的一环。编导们一开始在《映山红》等多首革命歌曲中进行选择,慢慢沉浸情绪后,大家一致觉得这首客家民歌《红军阿哥你慢慢走》最入情入理,让人感同身受。这首歌,既是阿哥和阿妹的临别赠语,又是理想与信念同爱情的告别。这首歌曲本身就是苏区爱情的生动写照,与水生和兰香的故事完美契合、水乳交融。

文艺作品如何再现革命年代的伟大爱情,既展现宏观历史,又达到震撼人心的艺术效果呢? 电影《刑场上的婚礼》就是对爱情最忠贞的诠释。这场婚礼的主角就是被周恩来总理誉为"最纯真、最高尚的爱情"的陈铁军和周文雍。行刑前,他们说:"当我们要将青春和生命献给党、献给人民、献给革命的时候,我要向大家宣布,我们就要举行婚礼了。让这刑场作为我们新婚的礼堂,让反动派的枪声作为我们新婚的礼炮吧!"这一掷地有声的宣言至今还时时回荡在我的耳旁。陈铁军和周文雍同志,历史上确有其人。而在我们的《秋叶红了》中,水生、兰香虽然是艺术形象,但确是红军和人民群众的象征。编导们创作时独辟蹊径,将军民大爱进行了一种全新的演绎。虽然题材和艺术表现手法与《刑场上的婚礼》大不相同,却有异曲同工之妙。《秋叶红了》采用广播剧这种艺术形式,让故事声情并茂,让人身临其境,更能让人吸收作品的思想精华。一千个人听来,心中就有一千个水生和兰香,思域无界,心中之爱无限。

剧中大大小小角色人物十多个,有的甚至只有一两句台词,但为了能呈现出最佳音响效果,我们仍坚持不用同一配音演员重复客串。为了找到最好的"女主角"兰香,我们在一百多位女配音演员甚至是实习生中广泛遴选声音,最终才找到了让人一听就记住的"兰香"。她的声音清晰嘹亮、音质优美,配音与剧情情景交融、抑扬顿挫,恰到好处。之后,我们再尽力做到思想性与艺术性的完美结合。

这是吉安广播电视台建台以来,第一次获得广播剧一等奖。这个奖的竞争在全省各地广播电台,包括江西人民广播电台在内都是异常激烈的。广播剧的成功不仅仅要有其厚重的时代性和思想性,更重要的就是艺术上强烈的个性与魅力。

广播剧不是新闻节目,要凭借对人物的塑造和故事的演绎来撼动人心。该剧描写一位普通农村妇女兰香,为了挽救红军战士水生的性命,巧妙地用计与敌人周旋。在此之前,因红军战士负伤由兰香护理,他们产生了纯美的爱情。兰香为保护水生,为守住贞节,献出了宝贵的生命。水生不知兰香牺牲,胜利后到村里找寻兰香,兰香的母亲告之实情。水生听闻兰香为自己而死,捧着兰香留下的那只"毛哨",唱着兰香生前教他的那首《红军阿哥你慢慢走》……水生后来成了共和国的功臣,但他终身未娶,心里仍然只有兰香。老了回到家乡,面对着满山的树叶,水生手捧"毛哨",吟唱那首《红军阿哥你慢慢走》,连村里的孩子都学会了这首歌。满山的叶子听这首歌听红了,但水生的头发越来越白了,八十多岁的水生,用对兰香的情书写着人性的光辉与革命的大爱。这种现实主义与浪漫主义相结合的表现手法,使《秋叶红了》成为红色经典。

这个剧的成功,使我们感到,作为党的重要喉舌的吉安广播电视台,具有难能可贵的时代担当!习近平总书记深刻指出,人民就是江山!《秋叶红了》描写的正是这样一个伟大的时代主题,正因为有无数像兰香这样的人民儿女,才有了革命的胜利,才有了我们今天的幸福。在庆祝中国共产党诞生 100 周年之际,党中央号召我们学好党史,牢记使命,广播剧《秋叶红了》就是一个崇高而又形象的党史故事。让我们品味它、感受它,从中获得革命启迪吧。

(郭　婷)

思考题:

1. 融媒体时代,如何发挥城市文明形象报道的作用?

2. 研究当下央视、省级卫视以及网络平台收视率较高的综艺节目,看看它们各自之间有哪些优缺点? 有哪些共性? 有哪些方面能为县级融媒体中心借鉴学习?

3. 数字时代,在网络媒体的激烈冲击下的县级融媒体中心除了举办大型文体活动,还有哪些本土化策略,可以更好地提升自身影响力,进行差异化竞争?

4. 思考乡村精神文明建设中的媒体功能。

(本章组稿、撰稿:梁长荣　李玉城)

第七章 综 治 篇

社会治安综合治理是中国特色社会主义社会治理体系的重要组成部分,是解决国家长治久安、社会安定有序、人民安居乐业的重大方略和根本途径。2018 年中宣部在浙江省湖州市长兴县召开县级融媒体中心建设现场推进会,深入贯彻落实习近平总书记在全国宣传思想工作会议上的重要讲话精神,对在全国范围推进县级融媒体中心建设做出部署安排,要求 2020 年底基本实现在全国的全覆盖;2020 年十九届五中全会提出加强基层治理水平,县级融媒体中心作为最接近基层的主流媒体,成为构建国家治理新格局的推动力量。县级融媒体中心不仅牢牢把握党管媒体的原则,通过提供本地新闻资讯做好综治管理工作和舆论引导,而且是提升基层治理水平、防范社会风险的信息终端。

融媒体的运作模式创造了新的信息环境,也塑造了新的信息传播形式。综治新闻与政经新闻、民生新闻等有一些区别,它的信息源大部分来自警讯,虽然冲突有新闻价值,但题材大同小异,有些并非新近立案的信息的时效性和现场感较差。县级融媒体中心的综治新闻要挖掘题材中的新鲜内容或现实意义,在变化的社会情境中找到新闻实践新的呈现方式,或许可以从"互联网思维"的角度来逐步尝试。

本文通过一些具体案例,分享三类正在探索运用之中的综治题材报道模式:第一类是突发事件的报道,本案例运用了"文字 + 照片 + 视频"的集成方式,同时还增加了与受众互动的动漫内容,这正是融媒体报道发挥优势的方面;第二类是融媒体平台中的视频类新闻作品;第二类是动漫类新闻作品。这些案例,都说明了同一个新现象:各融媒体新闻制作单位不约而同按照一定的叙事逻辑,以不同方式呈现报道里的事实,同时事实之间的关联本身就能构成一个新的关照视角——立体性、互文性、多维全景和局部深景的互动性,这种整合型的组合方式,在一定程度上满足了公众对事实及知识的需求。这也是互联网无限链接对新闻生产的显著影响之一。

案例一:《靖安县高湖镇吕阳洞景区突发山洪系列报道》赏析

2019 年 7 月 21 日,靖安县高湖镇西头村吕阳洞景区突发山洪,280 多名徒步"驴友"被困。为做好救援及宣传报道工作,靖安县融媒体中心立足基层,利用丰富的宣传经验和广泛的信息来源渠道,制作了一系列有落实、有温度、接地气的新闻报道,切实将国内民众的注意力吸引到基层。

报道 1(节选)

靖安一峡谷山洪暴发,多名"驴友"被困,紧急救援在行动![1]

7 月 21 日 14 时许,靖安县高湖镇西头村局部暴雨导致突发山洪暴发,285 名户外徒步"驴友"中,86 人遇险被困。

接险情报警后,靖安县立即启动应急救援机制,组织消防队员、公安干警、蓝天救援队以及县、乡、村、组干部 530 余人,组成五个搜救队沿河而上,其他干部沿河往下对山上、山下河道进行全面搜寻救援;调动消防车、救护车、无人机、

00:24

图一　救援队深夜沿路搜寻

① 靖安县融媒体中心.靖安一峡谷山洪暴发,多名"驴友"被困,紧急救援在行动!.徐锦涛,编辑.靖安发布,2019 - 07 - 22.

网络信号车等20余辆（台）赶赴现场开展拉网式搜救。截至22日凌晨5：00，已救出被困人员46人，确认安全并正在营救的有14人，失联23人，死亡3人。

险情发生后，时任省委副书记、省长易炼红等领导分别做出批示，要求相关部门迅速组织力量开展救援，尽最大努力解救被困人员。省应急管理厅、宜春市、靖安县主要领导立即赶赴现场调度指挥救援工作，成立了现场救援指挥部，下设现场搜救组、情况调查组、信息报送组、医疗救援组、善后处理组。指挥部指出，要全力以赴、科学安排被困人员的搜救和解救工作，避免次生事故发生；妥善做好溺亡人员家属安抚及善后工作；立即开展事件的调查处理，切实保障群众生命财产安全。

图二　相关部门人员现场指挥救援

截至发稿前，救援工作仍在紧张有序地进行。

推荐理由：

随着媒体的发展，对自然灾害、灾难事故、公共卫生事件和社会安全问题等综治报道的主要选题，无论从报道速度还是新闻品质上，都有了更高的要求。本篇报道直接体现了靖安融媒体中心三个方面的能力：一是快速到位，迅速策划，根据报道需求周密部署，有条不紊地实施报道策划；二是配合协调，从不同层面和角度对热点问题进行报道；三是实现了资源的有效共享，能够供其他媒体转载使用。

背景介绍：

2019 年 7 月 21 日，南昌众城户外群、江南户外群、户外健身旅游群、人生何处不相逢户外群、云端户外群等 5 个户外群 252 人，另自驾游 3 辆小客车 19 人和 4 辆越野车 14 人，共计 285 人，分别通过微信群等自发组织到靖安县沿河进行户外徒步运动。14 时许，西头村局部降暴雨，突发山洪溪水上涨，户外人员遇险被困。其中，户外群 252 人中有 53 人失联，4 辆越野车 14 人失联，3 辆小客车 19 人失联。

作品赏析：

可以，这很融媒体

这是一次突发事件，也是一次基于移动终端的融媒体新闻创新传播实践。通过"图片＋文字＋短视频"等多媒体的传播形式，把传统媒体的权威性和互联网平台的即时性结合起来，靖安融媒体中心通过这则精心制作的新闻，达到了良好的传播效果和社会效果。

传统媒体转型为融媒体，有学者认为，传统意义上的新闻的"新"已由时间或地域接近性，延展为把各种事实性知识编织到新闻里增添新的认识，或者同样的内容有新的外在形态。

该篇新闻以集成方式报道了此次突发事件，文字穿插于视频、照片之间，中心突出，图片和视频又从视觉上满足了受众情绪、兴趣等方面的需求。仅"靖安发布"阅读量就有 6.3 万人次。因信息鲜活满足了其他媒体转发内容的需求，该新闻被《环球时报》及省内主流媒体转载，在《环球时报》中也有近 6 万次的阅读量。

首先看导语，报道的导语中，时间、地点、事件、人物、最新情况五要素俱全，非常符合新闻的写作规范，简洁客观地向受众报告了新近发生的事实。

其次，正文内容一般是对导语做进一步说明，或解释导语中谈到的事实的材料。该报道第二部分承前介绍了当地采取的紧急措施，并按时间顺序将省、市、县的救援工作安排在文章最后，这些细节体现了抢险救援题材新闻的道德主义倾向，满足了受众对看综治新闻的一种心理期待。这样的结构安排，既有对基本事实的叙述，又有适当的宣传动机，泾渭分明。突发事件宣传要注重传播效果,这里的社会效果不是纠结事情是正面还是负面,而是追求通过报道获得正面的反响和评价。这篇报道在陈述了最新发生的事实的同时,又配合了管理部门做好宣传工作,无论文字、图片还是视频都显示出非常重视的气氛,而不是流于一句空话。

险情发生后,当地和省内、省外许多新闻媒体蜂拥而至,省应急管理厅第一时间发布了"驴友"人员构成,省消防救援总队从本职工作的角度报道了救援情况,而靖安县融媒体中心近距离地从差异化的新闻角度报道了突发事件。全篇报道都是很纯粹地局限于当地的角度,比如对于"驴友"的具体信息,记者在紧急情况下能了解多少就写多少,在信息一体化的时代,这可以尽快提升新闻的价值。在基层,一切支撑宏大主题的细节越发显得生动真切,因为真,后续事实的报道才能体现出善与美,结尾部分提到救援工作仍在进行,正好凸显新闻的即时性,对于突发事件,在截稿之前要尽可能报全。

报道2

7·21 靖安县吕阳洞山区被困"驴友"搜救工作结束[①]

7月21日14时许,靖安县吕阳洞山区因暴雨引发山洪,导致283名"驴友"被困。经17个小时奋力搜救,279名"驴友"平安脱险,4名"驴友"不幸遇难并完成身份信息核实,现场搜救工作已于22日8时基本结束。

推荐理由:

本篇是系列报道的第二篇。像这类突发公共安全事件,一般一次性报道是很难叙述全面的,正如马克思所说,事实一直处在有机运动当中,所以只有随着搜救工作结束,新闻报道活动才能暂时结束。

背景介绍:

经过消防队员、蓝天救援队、公安干警、医护人员、各级干部、广大群众17

---

① 靖安融媒体中心.7·21靖安县吕阳洞山区被困"驴友"搜救工作结束.帅钰婷,编辑.靖安发布,2019－07－23.

个小时的奋力营救,279 名"驴友"脱离险境,找到 4 名遇难"驴友"的遗体。

作品赏析:

现场短消息的生命力

该篇报道是一则消息,采用了传统的写作方式,重信息重事实,无观点无倾向,向受众提供真正的新闻"干货",核心内容简洁准确。全篇仅 80 字,言简意赅。数字的运用既快又准,17 小时奋战,4 名"驴友"遇难,279 名脱险。全篇围绕受众最关心的问题及时跟进,没一处多余。消息简明扼要地报道了事件后续。

新媒体技术的发展虽然给新闻从素材搜集到内容分发整个流程都带来了全新的变化,但是新闻的本质还是准确无误地报道事实,满足受众对新闻最基本的要求。

报道 3(节选)

致敬!! 急难险重中的最美逆行者! 深夜救援中的默默奉献者![1]

7 月 21 日 14 时许,靖安县吕阳洞山区因暴雨引发山洪导致 283 名"驴友"被困。在 7 月 21 日至 7 月 22 日的救援行动中,消防队员、蓝天救援队、公安干警、医护人员、各级干部、广大群众团结一心奔赴一线全力营救被困人员……

在靖安吕阳洞山区救援现场,100 多名"橙色英雄"冒着生命危险,不顾饥饿与寒冷,在深山老林和急流中历时 19 个多小时不间断搜索,协助转移疏散群众 199 人,搜救出 84 人,其中 4 人遇难。

据介绍,宜春市消防救援支队接到被困"驴友"的报警后,先后调派靖安中队、奉新中队、高安中队、宜春市消防救援支队特勤中队等 4 个中队共 7 车 42 名指战员前往现场救援。省消防救援总队……利用 10 台无人机、8 条搜救犬展开全方位、拉网式搜救。

---

[1] 靖安融媒体中心.致敬!! 急难险重中的最美逆行者! 深夜救援中的默默奉献者!.帅钰婷,编辑.靖安发布,2019 - 07 - 24.

图三 救援搜索中

图四 被困人员深夜被转移到安全地带

谈及此次救援过程的艰辛,靖安消防救援大队队长况振华说:"这种深夜在深山老林中搜救真的是个极大的考验。由于河水很急,我们只能一步一步小心翼翼在水里慢慢移动。山上很多山路只能容下一只脚,一不小心,我们就可能掉下数十米深的悬崖。被救人员由于体力不支,我们的队员或背或搀扶着他们……此外,我们还要提防毒蛇和毒蜂的蜇咬。由于全程是徒步,我们只能背负少量的水和干粮,这些水和干粮基本上留给了获救人员……"

在靖安吕阳洞山区救援现场还有一抹蓝是那么耀眼,让人感到温暖,给人带去希望,他们就是蓝天救援队的队员。上高县蓝天救援队的副队长李康告诉记者,7月21日晚上9点多,他接到宜春市应急管理局负责人的电话,有数百名"驴友"被困,请他们紧急前往救援。随后,李康带领上高县蓝天救援队的队员紧急赶往现场,途中又向南昌市、奉新县、修水县、铜鼓县、共青城和德安县蓝天救援队请求增援……

图五　疲惫不堪的救援人员累得倒在地上就睡着了

李康说:"此次搜救的难度和危险系数非常大,主要是因为天黑,又下雨,山路狭窄又湿滑,河滩中间水流湍急……找到被困人员后,队员们将水和干粮全部留给被困人员,忍着饥渴,穿着浑身湿透的衣服继续在山上和河岸搜寻……"

公安干警,在灾难面前,人民永远在他们心中!除值班备勤的以外,县公安干警所有人员第一时间赶到现场稳控交通秩序,开展搜救、安抚人员、排查信息和联络等工作。

图六　特巡警队员找到被困人员

医护人员,灾情就是命令。县人民医院和中医院共出动4辆医疗救护车、7批次28人次医务人员,全程参与医疗救援工作,累计救治伤员67人次。在救援过程中,医护人员一刻都没有停下,用行动诠释了什么是医者仁心!

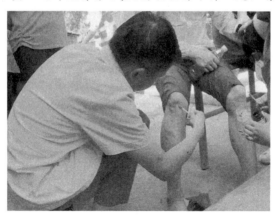

图七　为受伤人员上药

况钟故里——高湖镇西头村的村民们,也积极主动投入搜救被困"驴友"的工作中来。他们为搜救人员当向导,为工作人员提供后勤保障:晚上,家家敞开门、亮起灯,好让救援人员及被救人员有歇脚的地方;清晨,村民们煮好稀饭、面条,给大家准备好可口的早点,默默地为救援工作贡献自己的一份力量。

吕阳洞山区村干部孙文东和林木根第一时间接到许贵华的通知,随即招呼了七八名村民带着绳索一路跑着进山。一路上,他们不知道摔了多少个跟头,被黄蜂和蚊子咬得浑身肿痛……直到全部被困人员被解救出来……现年78岁的村民王忠腾一夜未眠,切身感受到救援人员的忙碌与付出。天还未亮,王忠腾和他的老伴孙协梅就架起一口大锅,早早地为救援人员煮粥,只为了让救援人员在鏖战整晚后能够喝上热腾腾的米粥。

在这里,向冲在救援第一线的所有战士,向站在救援队员背后默默支持的村民,致敬!你们的付出,大家都看在眼里,记在心里!你们是最可爱的人!

推荐理由:

新闻媒体在报道突发事件的议程设置安排上,都会体现新闻舆论引导的功能。群众需要了解事件的原因和影响,媒体越早报道此类内容,越能履行好服务受众的责任,发挥凝聚社会的功能。本篇报道注重受众接受信息所形成的认知效果,增强了他们对主流价值的接受度。

作品赏析：

情感很重要，真实更重要

这是篇 2700 多字的人物通讯，记者从自身感受角度描写了抢险过程中救援人员及群众高尚的社会主义精神风貌，确实有教育意义。全文采用了多媒体报道方式，写作程序和第一篇一样，图文并茂，可见新的写作方式在一些敏锐的记者那里已养成习惯了。文中一共用了 36 张静态照片、1 张动态照片和一个 4 分多钟的长视频（本书中只节选了部分照片）展现现场的情景，用以表现抢险瞬间的真实感。对于很多新闻报道而言，现场照片有时比文字更重要。视觉是把握现实的另一种方法，注重更精确地表现空间感，它搁置了记者的主观心理，更显现出接近事实的客观。

作为营救工作全部结束后第二天的推文，本篇报道发布的时机非常恰当适宜，宣传重时机、重观点，受众在前两天便捷地知晓了整个新闻，紧接着就可以提高对事件意义以及社会环境的认识。对于海量的信息环境，新闻的观点和意义越来越重要。通讯记述了事发现场消防队员、蓝天救援队、公安干警、医护人员等群像的忘我服务精神和当地村民的感人举动，以人为本、详略结合、细节丰富、穿插得当。同时，本篇通讯继承了党报普遍而有效的宣传方式，即典型报道的优良传统，既尊重了人民的主体地位，又展现了灾害中社会的"正能量"，报道感人且全面，容易触发受众的情感共鸣和分享动机，可以实现内容的广泛传播，媒介的力量和媒介的价值尽在其中。在写作风格上，和前两篇简约质朴的语言不同，全文沿袭传统的写人叙事方法，情感洋溢，语调乐观。在报道的排版上，每个群体都用了不同颜色，消防队员对应服装的橙色，蓝天救援队对应服装的蓝色等，每一部分都像诗歌一样长短不齐、错落有致，非常符合手机的界面。

报道4

应对山洪,记住:方向对,跑得快! [①]

近日,全国多地进入主汛期,山区、丘陵区及岗地,特别是位于暴雨中心的地区,极易形成山洪灾害,往往是降雨后几小时,即可成灾受损,防不胜防。如果我们身处险境该怎么办呢? 一分钟科普小动画,教你方向对,跑得快!

图八　作品截图1

图九　作品截图2

---

① 靖安融媒体中心.应对山洪,记住:方向对,跑得快!.帅钰婷,编辑.靖安发布,2019 - 07 - 24.

推荐理由：

当今社会是图像盛行的时代，各类影像无处不在，图像及视频类的报道方式更迎合受众的阅读心理。由于社交媒体的信息良莠不齐，当下人们获知外在环境的变化更加倚靠传媒组织，理性、专业、真诚、负责。该视频动画内容与最重要的新闻事实相关，内容与技术融合，音画协调，气氛协调，能带给受众新颖的阅读体验。

背景介绍：

我国是世界上自然灾害最为严重的国家之一，灾害种类多，发生频率高。国家领导人多次就防灾减灾救灾工作做出重要指示，提出了一系列新理念、新思路、新战略，深刻回答了我国防灾减灾救灾重大理论和实践问题，充分体现了以人民为中心的发展思想，彰显了尊重生命、情系民生的执政理念，为新时代防灾减灾救灾工作指明了方向，提供了重要遵循。

作品评析：

他们需要知道更多

推送人物通讯的当天，靖安融媒体中心还在公众号上用动画的形式发布了在山区旅游的一些防护措施，提出预警观点。这属于泛资讯，不算纯正新闻类，但是恰好符合多媒体的特性。媒介本身是帮助公众更好地了解环境变动的机构，作为当地民众了解新闻的 App，既要贴近本土，着眼于本地化新闻的报道，多从公众生活细节出发，站在当地百姓的角度引出报道；也需兼顾本地化服务，多用民众的表达方式，抓住时机，做足警戒性质的新闻报道。此举既可以丰富新闻内容，保持传播的活力，也可以无形中替政府做好告知工作，以此树立良好的品牌形象。

报道5

江西宜春7·21山洪遇险"驴友"救援,列入全国应急救援十大典型案例[①]

案例07　江西宜春"7·21"山洪遇险"驴友"救援

2019年7月21日14时许,江西省宜春市靖安县吕阳洞山区突降暴雨引发山洪,造成283名"驴友"遇险被困。险情发生后,应急管理部开展调度指导,江西省应急管理厅和消防救援总队启动应急响应预案,调集100余名指战员和搜救犬、无人机、水域救援等装备,赶赴现场营救被困人员。救援过程中,救援人员37批次进山搜救、12次冒险搭建水上生命通道,采取无人机巡航定位、绳索搭桥、挖掘机接应等救援方式,搜救出全部被困"驴友"。

主要经验:迅速启动应急响应机制,实施"大面积、大区域"救援。针对地形地貌复杂以及遇险人员相对分散的特点,利用手机信号定位、无人机空中侦察等技术手段,确定遇险人员准确位置,跋山涉水、分区搜索,架设人工绳桥和运用重型工程机械营救遇险人员。社会应急力量参与救援行动,(他们)野外作业经验丰富,是一支重要的救援协同辅助力量。

推荐理由:

该篇报道是靖安融媒体中心转载刊发的。2020年1月11日,应急管理部公布了2019年全国应急救援十大典型案例,该报道简述了靖安救援过程并总结了主要经验。12日,靖安融媒体中心的公众号"靖安发布"转发了此报道,因考虑到移动终端的阅读习惯,增加了醒目适配的标题,灵活地响应了2019年7月的新闻。

背景介绍:

习总书记多次强调:同自然灾害抗争是人类生存发展的永恒课题……不断

---

① 靖安融媒体中心.江西宜春7·21山洪遇险"驴友"救援,列入全国应急救援十大典型案例.帅钰婷,编辑.靖安发布,2019－07－24.

从抵御各种自然灾害的实践中总结经验、落实责任、完善体系、整合资源、统筹力量,提高全民防灾抗灾意识,全面提高国家综合防灾减灾救灾能力。①

作品评析:

真正的新闻在现场

从长远来看,县级融媒体的发展之路是当地用户大数据的整合。本篇转发文章正好说明了当地的日常新闻已成为相应机关部门的大数据。县级融媒体可对基层用户的数据进行挖掘、分析,并与政府或其他智库合作,精准把握基层用户的需求,服务民生、服务政务,有针对性地强化宣传效果。

围绕山洪暴发游客被困这一新闻事件,靖安融媒体中心所做的整个系列报道,新闻信息量大,体现了基层新闻的传播能力和使命担当。

(1)报道时效方面,反应及时迅速,做到了第一时间报道,取得了良好的社会效果。

(2)报道伦理方面,从群众的感受出发,基本落实了以人为本的报道理念,维护了社会公共利益。

(3)报道规模方面,根据新闻事实发展需要,循序渐进接连三天连续报道,内容侧重点各不相同,避免了和其他媒体报道扎堆、盲目报道的情况。

(4)报道专业程度方面,报道中感情节制有度,没有刻意煽情的文字及音效,避免了对新闻事实的噪声干扰。

---

① 人民网.习近平总书记强调的"永恒课题"[EB/OL].(2022-02-28)[2022-04-01].http://theory.people.com.cn/GB/n1/2022/0228/c40531-32360847.html.

案例二:《万载对损害营商环境的33种行为"亮剑"》赏析

本案例节选了万载融媒体中心同一内容不同展现方式发布的两篇报道。互联网重新定义了媒体,传统媒体向融媒体转型的过程中,融媒体的内容产品演化为内容、形式、渠道三个层次,移动互联网发展的视觉化、社交化特点,使得内容产品和用户之间的关系越来越紧密,用户希望交互界面美观友好,资讯内容浅显易懂。

报道1(节选)

万载对损害营商环境的33种行为"亮剑"①

怎么了?唉声叹气的。

别提了,最近我的企业又被罚了5万元。

为了优化营商环境,去年,我县推出了安商"红黄榜"网络评价机制。

相关链接:《11月"红黄榜"发布,看看哪些单位上榜……》《万载12月"红黄榜"发布,这些单位上榜!》

评价机制出台后,每期不光公布"红黄牌",还公布了各个企业对单位的投诉意见。有一些单位或多或少存在服务态度恶劣、办事效率低等情况。

民有所呼,我有所应

1月13日,中共万载县委十四届十三次全体(扩大)大会暨县委经济工作

---

① 万载融媒体中心.万载对损害营商的33种行为"亮剑".苏菁菁,编辑.万载发布,2021-01-14.

会议召开。会议表决通过了《万载县损害营商环境责任追究办法(试行)(审议稿)》。

相关链接:县委十四届十三次全体(扩大)会议暨县委经济工作会议召开

会上明确了对以下 33 种损害营商环境的行为进行责任追究……推动万载经济高质量跨越式发展。

一、具有行政审批、行政执法、经济管理职能的单位,有下列情形之一的,应当进行责任追究:

1. 滥用自由裁量权,对企业乱检查、乱摊派、乱收费、乱罚款、乱募捐、乱扣留、乱揽储的;

…………

12. 其他违反法律、法规、规章和政策规定的行为。

二、具有行政审批、行政执法、经济管理职能的单位,有下列情形之一的,应当追究单位主要负责人或分管领导责任:

1. 对直接管辖范围内发生明令禁止的违法违纪行为不制止、不纠正、不查处,或对上级部门交办的事项拒不办理的;

…………

6. 其他违反法律、法规、规章和政策规定的行为。

三、具有行政审批、行政执法、经济管理职能的单位,有下列情形之一的,应当追究股(科、室)负责人和相关人员责任:

1. 对管理和服务对象态度生硬、言行举止不文明礼貌,服务质量差或作风粗暴、态度恶劣、群众反映强烈的;

…………

15. 其他违反法律、法规、规章和政策规定的行为。

监督检查及成果运用

01:畅通线索收集平台

通过政府服务热线、政企圆桌会议、新闻媒体等平台……县纪委县监委不定期实行电话回访,随机抽取办结事项,了解服务质量、服务态度、服务效率、群众满意度。

02:曝光反面典型

严格落实《万载县作风建设和营商环境提升督查工作实施方案》文件要

求……对整改不力或造成不良社会影响的,予以严肃追责问责。

03:强化成果运用

问责情况纳入单位年度党风廉政建设责任制考核范围……同时受到组织处理和党纪政务处分的,按照影响期长的规定执行。

2020年12月,我县还和湖南浏阳签订政务服务"跨省通办"合作协议,成为宜春市率先启动政务服务"跨省通办"的县市区。跨省两地企业、群众异地办事从此更加方便快捷,驻地归属感得到进一步提升。

相关链接:……

通过多措并举,相信我们的营商环境将会越来越好。

推荐理由:

2021年1月14日,万载融媒体中心发布了一则新闻《万载对损害营商环境的33种行为"亮剑"》,党的十八大以来,习近平总书记围绕优化营商环境发表了一系列重要论述,强调"法治是最好的营商环境"①,要"不断完善市场化、法治化、国际化的营商环境"②。这篇报道也是对政策的解读和落实,为营造良好的营商环境提供了有力的舆论支撑。

背景介绍:

2019年10月,国务院颁布了《优化营商环境条例》,定于2020年1月1日起正式施行,中国特色营商环境评价制度以行政法规形式予以明确。2020年5月,《中共中央 国务院关于新时代加快完善社会主义市场经济体制的意见》指出,落实《优化营商环境条例》,完善营商环境评价体系,适时在全国范围开展营商环境评价,加快打造市场化、法治化、国际化营商环境。2020年9月,国家发展和改革委员会编著的《中国营商环境报告2020》正式出版,全面梳理了中国营商环境评价制度和评价方法,并向社会多角度、多方位展示了各地政府优化营商环境的原创性、差异化探索。

---

① 人民网.习近平主持召开中央全面依法治国委员会第二次会议[EB/OL].(2019-02-25)[2021-09-30]. http://jhsjk. people. cn/article/30901456.

② 人民网.习近平出席第二届中国国际进口博览会开幕式并发表主旨演讲[EB/OL].(2019-11-06)[2021-09-30]. http://jhsjk. people. cn/article/31439557.

作品赏析：

全面融入手机的讯息

截至目前，该则报道共有 2700 多人次的阅读量。手机阅读操作便捷，易于普及知识，随时填补碎片化时间，但是受屏幕所限，字数多的文章，受众容易疲惫。况且文字是抽象思维的需要，尤其是本文是专业信息，全文 2600 多字，整体厚重，需要读者用极大的耐心去消化。上文中第二类条款字数最少，可是也有 6 条 200 多字；第三类条款字数最多，15 条内容，约 700 字。对于习惯浅阅读的受众而言，稍长的网络文字都会附上"长文预警"或"此文约××字，大概需要×分钟阅读"等不算多此一举的风趣提示。2600 多字的阅读量对传播能力较强的万载融媒体中心来说，稀松常常。在 2020 年第八届全国市县电视台、融媒体中心推优展播暨百台论融媒活动中，万载县融媒体中心报送的《脱贫路上》《法治万载》《扶贫小作坊　致富大品牌》三个作品分别荣获电视专题最佳（一等奖）、电视栏目最佳（一等奖）及短视频最佳（一等奖），中心还荣获"全国市县最佳电视栏目单位"称号。虽然不能要求每篇报道都好看，但能吸引更多的受众当然是记者的职业追求。虽然是文字版，但为了适应手机的阅读模式，首先，本文设计了两个卡通人物的对话，营造一种贴近日常生活的情境吸引读者，能够拉近报道与读者的关系，说明此新闻与公众当前的利益有关；其次，段落中间插入一些链接，既减少了受众查询相关文章的烦恼，又增加了新闻的信息量；再次，为了适应手机界面，省去长篇大论的篇幅，具体条款都设计成小方框里上下滑动浏览的方式；最后，文末首尾呼应，添加了一个期盼眼神的动物卡通形象。尽管有以上这些新意之处，但大块大块的文字还是略显枯燥，读起来比较费神。

报道2(节选)

万载对损害营商环境的33种行为"亮剑"①

2月4日,"万载发布"推出了漫说。编者按为:"是不是觉得文字太多,难懂又记不住?别急,今天奉上精心制作的漫画版,形象生动,你看完肯定就记住了。"真诚的按语让受众耳目一新。也许是"旧闻"新编,本地只有700多的阅读量,但随即得到"学习强国"的转载。阅读量达到52600多次,点赞2500多个。漫画不仅仅是装点,使文章内容直观风趣,同时也是有机补充,重复中见出不同,增加阅读的趣味性和传播的影响力。

---

① 谌露.万载对损害营商的33种行为"亮剑".袁鹤鹏,江波,朱叶,编辑.学习强国:2021-02-18.

对管理和服务对象态度生硬、言行举止不文明礼貌,服务质量差或作风粗暴、态度恶劣、群众反映强烈的;

不正确履行"营商专员"职责,未做到"三个一次"的("三个一次",即每月对企业开展一次实地走访,每月与企业负责人进行一次交流,每月为企业落实一次问题);

办理涉企案件不规范,随意对企业采取搜查、扣押、冻结、查封、拘留、逮捕等措施的。

推荐理由：

新媒体重新定义了人们获取信息的方式方法，要想获得更多的读者，必须注重用户体验。为了更好地宣传政策，在理解用户的思考方式的基础上，"万载发布"将文字版改为漫画版，帮助用户理解新闻，比起单纯的文字报道，漫画表现清晰，说服力强。这一别出心裁的形式在获得"学习强国"等主流平台转发后，阅读量是 2021 年 1 月 14 日那篇文字报道的近二十倍。漫画形式形象、简单、直接，使阅读更顺利、更愉快，受众通过图片完成对新闻事实的认知和把握。招商引资工作的宣传方向主要是对外，因此能否获得其他有影响力的平台的多次转发，对于同一内容是非常重要的。

作品评析：

新技术催生新读图时代

2014 年 8 月 18 日，习总书记在中央全面深化改革领导小组第四次会议上强调：推动传统媒体和新兴媒体融合发展，要遵循新闻传播规律和新兴媒体发展规律。①

成功的内容设计，能够让用户一目了然，一眼就看到最有价值的东西。传统媒体上，一条报道发表了，就意味着工作完成了，受众是否接触和接受是时隔一段时间当需要了解传播效果时才会想起，但是对于即时性的新媒体来说，受众瞬时的行为是非常重要的，所以为了增加报道的关注度和有效的信息沟通，万载融媒体中心重新设计表现形式，是非常有互联网思维的有意义行为。图片比文字更易于理解，例如第一幅漫画的内容是某些机关及单位滥用公权对企业乱摊派收费等乱象，拟人化的企业一方面是摸不着头脑的困惑，另一方面是对权力压顶的震惊。凡此种种胡乱作为，漫画确实比单纯的文字更容易给受众留下深刻印象。

融媒体时代，新闻的报道方式因多元化的分发方式，不再拘泥于文字、照片等。新闻内容的漫画化，让受众更轻松享受移动端阅读的便捷，通过适时策划，利用漫画的形式图解政策，在网络时代更有传播效率。作为地方媒体，报道 1

---

① 人民网. 习近平：共同为改革想招　一起为改革发力［EB/OL］.（2014 - 08 - 18）［2021 - 09 - 30］. http://jhsjk. people. cn/article/25489502.

和报道2的内容都是将全国性新闻本地化,充分体现以地方化新闻为主导的报道方向。对于牵涉到本地民众利益的全国性的内容,万载融媒体中心不是简单转发,而是将本土企业作为报道由头,从日常生活经验出发,找到与本地的关联。另外,万载融媒体中心把硬新闻改成软新闻,归纳成33种现象,充分满足对号入座简便查询的要求,还使得受众因为字与图的差别产生新鲜感,提高了用户的内容体验。

案例延伸:

2021年2月18日,江西省共青城市公安局和邮政局联合启用7枚邮戳,助力当地的"'春风'行动防范电信诈骗宣传活动"(《江西共青城:邮戳助力"春风"行动反电诈宣传》)。因制作单位不是县融媒体中心,所以该报道只是列举出来,但也可作为新闻内容漫画化另一种新鲜表达方式的借鉴。

案例三:《二狗子的十大罪恶》等作品赏析

本案例节选了三部视频获奖作品,是完全视频化的新闻。这些视频内容相差无几,文字报道全程隐匿,制作方式一般是 flash 动画,借助新媒体元素使作品更有"网感",活泼有趣。

报道1

二狗子的十大罪恶

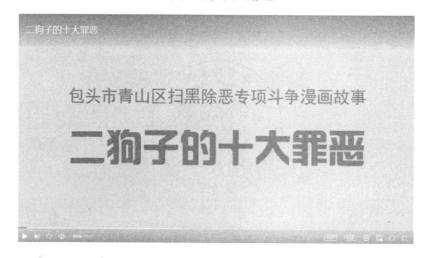

推荐理由:

这是包头市青山区融媒体中心的作品,在 2019 年光明网联合北师大新媒体传播研究中心开展的全国优秀融媒体作品征集推选活动中,该作品获全国区县融媒体中心优秀案例奖。该视频作品诙谐幽默,举重若轻,表现形式富有创意和吸引力。视频还通过腾讯、网易、搜狐等主流网站转载,达到了全网分发的社会效果。

背景介绍:

在 2019 年中央政法委工作会议上,习近平总书记强调,黑恶势力是社会毒瘤,严重破坏经济社会秩序,侵蚀党的执政根基。要咬定三年为期目标不放松,分阶段、分领域地完善策略方法、调整主攻方向,保持强大攻势。要紧盯涉黑涉恶重大案件、黑恶势力经济基础、背后"关系网""保护伞"不放,在打防并举、标本兼治上下真功夫、细功夫,确保取得实效、长效。① 在我国的传媒制度下,宣传党的方针政策是传媒的责任,也是各级政府综治考评的重要内容。把需要宣传的东西写成真正的新闻,还是传媒的记者、编辑制作综治新闻的职责。

作品赏析：

一切皆可网络化

巧开头。标题中的"二狗子"是网络热词,网友曾衍生出一些表情包。既然借力移动互联网终端,就需要学会互联网语言。官媒引用网友的创作成果可以丰富内容的交流语境,营造活跃的气氛。"二狗子"一口带着浓重乡音的普通话,语调既亲切又好笑。视频作品采用第一人称口吻,改邪归正后现身说法,具有极强的感染力。

有波澜。整个视频长 5 分 50 秒,信息容量大,分为煽动闹事、操纵选举、横霸一方、恶意拆迁、强揽工程、欺行霸市、经营黄赌毒、非法高利贷、地下执法、勾结境外势力等十个小片段,全面系统地呈现了黑恶势力各方面的行为表现。每个小片段都是一个日常生活中可能遇到的问题,让人思考怎么解决,接着引出法律的讲解。视频还可以分开播放,一个短视频 30 秒左右,和一则电视广告的时长类似,亲民通俗简洁,有利于用户碎片化地观看和传播。互联网条件下,人们非但对信息的需求不会衰减,反而提出了更高的要求——如何更轻而易举地

---

① 人民网.习近平出席中央政法工作会议并发表重要讲话[EB/OL].(2019 - 01 - 16) [2021 - 09 - 30]. http://jhsjk.people.cn/article/30559257.

获取有价值的新闻内容。

随着新的传播媒介形态的不断涌现,新闻内容呈现视频化趋势以加强与用户的互联,而且要适应移动互联网设备衍生的美观的用户界面和友好的沟通方式。传统新闻是静态的图文模式,视频类则呈现出全感官触动的变化。2021年的微信公开课主论坛中,创始人张小龙说:"近5年,用户每天发送的视频消息数量上升33倍,朋友圈视频发表数上升10倍。"

通过短视频的生动表达,县级融媒体中心可以用来解读相关政策、开展主题宣传、展示自身形象、传播服务信息、普及专业知识等。关于短视频的定义,行业内一般指播放时长在5分钟之内的内容。今日头条认为4分钟是目前最主流的时长,适合完整描述一段故事;10秒的微信小视频,则适合社交互动性及强分享性的年轻用户。

扫黑除恶是综治新闻的重大题材,除了可以对内容进行传统化的表达,还可以做成动画视频成为内容的另一种承载和传递。动漫作品一方面可以形象地宣扬理念和政策,另一方面也容易和民众平等亲近地沟通。

报道2

扫黑除恶系列宣传动漫

推荐理由:

这则作品是合肥市庐江县融媒体中心制作而成,在2020年合肥市扫黑除恶专项斗争微电影、微视频、微动漫作品征集活动中获微视频、微动漫类三等奖。该作品以网民喜爱的微视频形式,将时事内容与音乐、故事、画面等丰富的表达手法相结合,提前策划,精心制作,展现了新媒体的创意思维,满足了受众的多样需求。该视频在搜狐网、腾讯网等都可观看。

作品赏析:

一切皆可动漫化

视频长 2 分 50 秒,分为拦路收费、破坏换届、暴力讨债、充当保护伞四个小片段,将横行乡里的黑恶行为场景化,富有戏剧性,让人印象深刻。每个片段比报道 1 多了 10 秒。

技术为政策的宣传带来了方便,受众适应了快节奏的生活方式,政策的动漫化能给受众留下比较深刻的印象,它所带来的正面宣传效果,远大于其他的传播方式。

报道 3

"二师兄"被死亡后

推荐理由：

这是岳阳市华容县融媒体中心的作品,获红网 2020 年度县市区分站(融媒体中心)好新闻奖。该作品题材鲜活,形式出新,极富视觉说服力。这则视频可在华容新闻网观看。

作品赏析：

一切皆可视频化

首先,视角单一,贴近受众。该作品从民众的角度发掘他们关心的议题,猪肉价钱的涨跌牵动着千家万户的菜篮子,从他们的日常需要入手提炼出一个法律问题,借助视频轻松的语言,使政府的政策广为人知。视频中的配音是乡音浓重的普通话,兼顾本地和外地的受众,沟通无碍。

其次,内容紧凑。视频长 1 分 45 秒,主要讲述当地一博主在没有确认讯息真假的情况下,转发谣言,导致市场恐慌。一般来说,法律的条文较生涩,非专业人士很难看懂,但该作品从标题中的"二师兄"到动画视频,有声有色地解释了枯燥的法律,增强了传播效果。

很多网络语言带有一定的特殊性,比如用"二师兄"指代猪,如果对这些独特的网络用语不了解,与网民沟通就会存在障碍。所以要想扩大信息的传播范围,创作者就必须融入网络环境,熟悉流行的用语,并且通过这些潮流,较为准确地把握社会的脉搏,防患于未然。

这三部视频作品都围绕时事热点展开,采用了动漫的形式,进行生动形象的表达,符合受众的阅读习惯。

案例延伸：

江西景德镇珠山区融媒体中心的动漫新闻报道《打击虚开骗税 助力扫黑除恶》,因不是获奖作品,所以没有列入案例里。但是该视频非常有趣,在"学习强国"平台有 24 万多的浏览量。该动漫视频套用《西游记》中的人物讲了一个打击骗税维护市场公平的故事:二郎神第三只神眼发现牛魔王伙同铁扇公主家族骗取国家税金,玉皇大帝责令托塔李天王和哪吒捉拿犯罪分子,财神爷传达天庭旨意为公职人员讲解各项政策。视频长 2 分半钟,依托对耳熟能详的名著的改编,体现了创作者在接近民众心理距离上所做的努力。

综上所述,县级融媒体中心在报道题材偏硬的综治方面的内容时,为了达到较优的宣传效果和传播效果,对于重大突发事件,一是可以紧紧围绕当地政策做一些立足基层的报道,发挥第一手资料的优势,虽然题材难免雷同,但思想倾向性、时政性可以通过本地的角度揭示出来;二是针对本地情况,可以增加一些泛资讯的内容,提高为当地群众服务的意识,形成"新闻 + 政务 + 服务"的报道模式。

对于日常综治方面偏政策宣传的内容,既可以做成动漫式的,连续的动画片段在评奖中有优势,喜闻乐见,通俗易懂;也可以做成静态漫画式的,利于橱窗展览、户外展示或海报张贴等传播途径。

综治新闻、法律知识、国家政策无论用哪种形式传播,多一种形式就多一条通往受众的渠道,多一分分发的活力。

思考题:

1."警讯"新闻如何解决时效性的问题?

2.具有个人情感色彩的细节与平衡客观报道的关系如何?

3.综治报道内容动漫化与严肃议题娱乐化的界限在哪里?

(本章组稿、撰稿:周慧云)

后　记

　　自 2018 年全国宣传思想工作会议上提出"要扎实抓好县级融媒体中心建设,更好引导群众、服务群众"以来,县(区)级融媒体发展逐渐成为传统媒体与新兴媒体融合的焦点领域。同年 11 月,中央全面深化改革委员会审议通过了《关于加强县级融媒体中心建设的意见》,县级融媒体中心建设开始在中央指导下,通过顶层设计全面推进。在此之后,中宣部联合国家广播电视总局编制了一系列规范性文件,并明确县级融媒体中心承载着区域内媒体、党建、政务、公共以及增值五大服务功能。在中央和地方政策、资金的支持下,县级融媒体中心进入发展的黄金时期。

　　新时代的党媒,不仅需要继承"以人民为中心"的理念,还需要在国家治理体系和治理能力现代化建设中贡献媒体力量,实现党性和人民性的统一。县(区)级党政机构在党的组织结构和国家政权结构中是承上启下的关键环节,是落实国家治理的重要基础。建设县级融媒体中心不仅是互联网环境下地方传媒体系的维护与升级,也是完善国家治理体系、强化政府治理能力的重要手段。服务于党的中心工作是马克思主义新闻思想"党性论"的实践体现,基层媒体的融合发展同样遵循着这一理念。县级政府是基层执行机构,在治理体系建设中聚焦于完善行动体系、提高执行力,以及弘扬价值理念、强化凝聚力。参与和融入县域政府地方治理现代化进程是县域融媒发展的根本路径。从专业性角度来看,作为新闻学基本理念之一的建设性新闻理论认为,新闻业的价值就在于通过新闻活动推动社会发展,列宁就曾指出:"报纸刊物应当成为社会主义建设的工具。"建设性新闻具备"积极"和"参与"两大特质。所谓"积极",即运用积极心理学的研究成果,在新闻生产中以正面报道为主,给人以向上向善的信念和力量;即便是揭露问题的报道,出发点也是为了解决问题,而不是为了"扒粪",因而在报道问题时会同时提供解决问题的策略或方案。所谓"参与",指的是媒体和记者不再置身事外,而是作为社会成员之一,介入社会问题的解决过程中去,媒体作为平等的一员与其他社会成员一起共筑美好生活。①

不同于以往对新闻事实"冲突性"的强调,作为一种新闻价值观,建设性新闻强调媒体的价值不单在于重现问题,更在于发挥建设性作用,为当前问题提供解决方案,为党和政府出谋划策、分忧解难,为国家建设和社会发展提供帮助。这就要求新闻媒体采用积极策略,不仅发现和告知社会存在的客观问题,并且通过社会动员和力量组织,提出有效的解决方案,实现社会建构,促进社会和谐发展。对于县域媒体而言,如何在融入地方发展和治理的同时实现自身的发展,成为亟待解决的难题。

讲好地方故事、传播地方声音、展示地方形象是县级融媒体中心的重要任务。县级融媒体中心的核心产品是县域新闻。所谓县域新闻是在县(区)级行政区域内发生的新闻事件和产生的新闻活动,从报道主体上看,涵盖了从中央到地方四级媒体对县(区)行政区划内各类信息的报道。为了聚焦县域融媒带来的新变化,展示新技术环境下基层媒体单位传播力、影响力的提高,本书所讨论的县域新闻精品在案例筛选上以县级融媒体中心的各类新闻作品、策划活动等为主体,辅之以部分地市级媒体的基层报道作品。筛选的作品体裁多样,既有消息、通讯、深度报道,也有电视新闻、图片新闻、融媒体新闻;形式丰富,既有文字作品,也有视频作品,还有 H5 作品;作品内容既接天线,也接地线,更有泥土味。本书重点关注在从业平台行政级别较低的情形下,基层新闻工作者如何做好本土化新闻资源开发和宣传形式创新。

《县域新闻精品赏析》教材的编者既有从事新闻传播类教学的高校教师,也有在一线从事新闻报道工作的记者。通过高校教师与媒体记者的密切联系,通力合作,协力编写,本教材不仅具有理论价值,还具有实用价值。在此要特别感谢参与此次教材编撰的业界同人,他们在繁忙的工作之余鼎力相助,或组稿撰稿,或分享手记,通过文字隔空为学子们传经送宝、指点迷津。

我们预设使用该书的读者大致有三类:一类是在高校新闻传播专业学习的学子,随着县级融媒体中心的普遍发展,基层新闻单位对专业人才的需要也在增大,为有志于服务基层的新闻学子编写一本有助于他们了解基层新闻媒体,

① 唐绪军. 建设性新闻与新闻的建设性[J]. 新闻与传播研究,2019,26(A1):9-14.

熟悉基层新闻工作的教材是我们编写此书的初衷;第二类是在基层媒体尤其是县级融媒体中心和县区新闻舆论工作相关部门的从业人员,他们工作在基层政府部门开展新闻舆论活动最前线,帮助他们了解同级同行的优秀案例和特色策划,为从事新闻传播活动提供参考和借鉴也是我们编写此书的出发点;第三类是基层通讯员,他们工作在基层一线,贴近实际,对新闻宣传工作有着深厚的情感,我们也期望通过编辑整理,将基层新闻舆论工作的一些范例在更大范围内传递,能给热爱新闻事业他们带来帮助和启发。

在编写本书的过程中,我们参阅了一些同类教材和研究文献,在此一并表示诚挚谢意。由于编者才疏学浅,书中挂一漏万在所难免,在此恳请各位专家、同行和读者不吝指正。